都市边缘区城市非正规居住空间时空演化机制研究

——以 20 世纪 90 年代广州白云区为例

吕凤琴　著

中国商业出版社

图书在版编目（CIP）数据

都市边缘区城市非正规居住空间时空演化机制研究 ：以20世纪90年代广州白云区为例 / 吕凤琴著. -- 北京 ：中国商业出版社，2024. 10. -- ISBN 978-7-5208-3194-9

Ⅰ. F299. 276. 51

中国国家版本馆CIP数据核字第2024VZ9771号

责任编辑：袁　娜

中国商业出版社出版发行

（www.zgsycb.com　100053　北京广安门内报国寺1号）

总编室：010-63180647　编辑室：010-83128926

发行部：010-83120835/8286

新华书店经销

天津和萱印刷有限公司印刷

*

787毫米 ×1092毫米　16开　6 印张　120 千字

2024 年 10 月第 1 版　2024 年 10 月第 1 次印刷

定价：52. 00 元

* * * *

（如有印装质量问题可更换）

序　言

吕凤琴博士的著作《都市边缘区城市非正规居住空间时空演化机制研究——以20世纪90年代广州白云区为例》即将付梓出版。本书凝聚了她多年来在该领域的深入研究与思考，为我们了解中国城市建设体制的形成过程补充了一段鲜为人知的知识。我乐于为她作序。

在快速城市化的进程中，城市边缘区作为城市与乡村的过渡地带，其独特的地理位置和复杂的社会经济结构使得该区域的居住空间呈现出多样化和动态演化的特征，成为学术界和社会各界关注的焦点。其中，非正规居住空间不仅反映了城市发展中的不平衡和矛盾，作为一种特殊的居住形态，也对城市的社会、经济、环境等方面产生了深远的影响。

本书以 20 世纪 90 年代广州白云区为例，对城市边缘区非正规居住空间的时空演化机制进行了系统而深入的研究。作者通过大量的实地调研和数据分析，梳理了该地区非正规居住空间在不同阶段的发展特征和演变轨迹，揭示了其内在动力机制和影响因素。在本书中，作者有以下几个方面的创新。

(1)从历史的角度考察非正规住房的演变，丰富了现有研究。

在土地二元制度下，广州市“农村集资房”是在不改变土地所有权的前提下，由乡镇政府主导的集体土地非农开发，是农地主动入市的一种模式。本书借鉴城市土地增值理论，揭示了因为制度设计的原因，利益相关者对土地增值收益的博弈导致了该模式的异化。

(2)从制度变迁的视角揭示了非正规住房的演进机制。

本书进一步分析了各相关利益方之间的静态及动态博弈，用制度变迁理论分析广州市“农村集资房”这种隐形房地产市场非正规住宅萌芽、发展、衰落的历史演进过程。

（3）探索了构筑城乡一体化的土地市场规制及非正规住房治理思路。

本书利用特征价格模型分析产权对土地价格的影响，从定量角度度量产权对土地的增值效应，并从数理分析角度构建土地增值分配体系，提出非正规住房的解决方案。

吕凤琴在我指导其攻读博士学位期间，就对都市边缘区的发展问题表现出了浓厚的兴趣，并一直在博士论文的基础上深化研究课题，在城市非正规居住空间领域取得了较为深入的研究成果。希望她继续在城市研究领域精耕细作，不断拓展研究视野，取得更加丰硕的研究成果。本书展现了她扎实的专业基础、严谨的治学态度和勇于创新的精神，相信能给相关研究者以启发。

华南理工大学建筑学院教授、博士生导师

袁奇峰

2024年10月

目　录

第一章　绪　论

第一节　研究对象

一、概念辨析

国外的非正规住房研究主要以第三世界国家发展经验为基础开展。由于不同国家与地区制度背景、文化背景的不同，非正规住房形式呈现多样化，迄今学术界对其仍未形成统一的概念。在国外的非正规住房概念中，核心特征是合法产权的缺失（Dowall D E., 1991）。非正规住房是一种因正规规划和制度缺失而产生的特殊的可支付住房（Dowall D E., 1991）。这种住房是对土地的无序占有，并缺乏正规的发展规划和服务设施（Abbott J., 2002）。究其原因，是因为低收入国家由于城市化速度过急，政府的管治能力不足等，而导致这种非法行为的存在（Smart A., 2007）。因此，国外"非正规住房"通常指那些缺乏正规的规划、非法占有土地、游离在政府管治之外、缺乏基础设施的住房（Dowall D E., 1991; Abbott J, 2002; Smart A., 2007）。

而国内，学者多以"小产权房"作为研究对象研究非正规住房问题。"小产权房"一词是人们在社会实践中形成的一种俗称，在我国的法律法规中并没有出现过，也没有明确的限定。因此，对于"小产权房"概念的界定、内涵的延伸，学术界众说纷纭。有学者认为，"小产权房"的"小"是相对"大产权房"的"大"而言（邢发齐，2008）。福利性住房、由乡镇政府或者村民委员会私自发放"宅基地证"甚至没有任何权证的房屋，均可被称为"小产权房"。当然，福利性住房这种"小产权房"尚在政府严格管制下，并不是目前学术界讨论的对象，而那种建设在农村集体土地上的商品性住房（张幸瑜，2010；吴远来等，2014）才是政府、学术界关注的重点。这种农村商品性住房建设在农民集体土地上，由享有该土地所有权的乡（镇）政府或村委会单独开发或联合房地产开发企业联合开发建设，并由乡镇政府或村委会制作房屋权属证书（贺雪峰，2009），因此又叫作"乡产权房"（武建东，2008；严焰，2008；吴春岐，2008；陈武元，2009）。这种由乡镇政府或村委会发证的所谓"小产权房"，实际上没有真正的产权，是国家并未认可的房产，政府也不会为其购房合同备案，购房者拥有的所谓产权证并不受法律保护。这种建设在农村集体土地上的房屋与农村宅基地房有着本质的区别，它的建设目的不是自给自足，而是向本集体经济组织之外的居民销售并谋取高额利润。这种住房由于不用缴纳相关的土地出让金、税费及相关的手续费，开发成本较低，能以较低的价格向非本集体经济组织成员（外村村民、城市居民）进行销售（谭术魁，2008）。因此，可以认为"小产权房"作为我国快速城市化进程中出现的一种非正规住房（李志明，2009），是由乡村集体、乡村集体与开发商合作或开发商协议租用集体土地后，在未办理集体土地征转手续，未取得国有土地使用证、建设用地规划许可证、建设工程规划许可证、建设工程施工许可证（建设工程开工证），未缴纳土地出让金和各种税费的情况下自行开发建设，在未办理商品房销售（预售）许可证和住宅质量保证书、住宅使用说明书的情况下对外销售，并由卖房者向购房者发放乡镇人民政府或村集体组织制作的"房产证"的商品性住房（程其明，2009； 王玉学、唐峻、李悦书，2010）。

"农村集资房"作为特定术语，最早出现在广州市人民政府穗府〔1997〕48号文中，是对特定时期特定住房形态的一种称谓。该文件的第一条对"农村集资房"进行了限定：于1996年12月以前，在广州市白云、天河、珠海、黄埔、芳村五个行政区范围内，未办理建设用地规划许可证、建设用地批准书、建设工程规划许可证和建设工程施工许可证，在农村集体土地上（含农村征地留用地上）进行集资而修建的房屋。《关于推进"三旧"改造促进节约集约用地的若干意见》（以下简称粤府〔2009〕78号文）对其外延进行了延伸。就其发展政策背景看，目前，广州有三种不同类型的非正规住房。

（一） 1987年1月1日—1998年12月31日：特殊政策背景下的"农村集资房"

从开始之初，"农村集资房"都是以"宅基地房"的名义进行报建的。虽然穗字〔1994〕9号文把以"宅基地房"的名义修建起来的非正规住房定性为"两违"行为，并在1995年10月11日颁布的穗府〔1995〕82号文中将可申请使用农村宅基地的人员限定为本村村民，回乡落户的职工、复退军人、离退休干部、华侨、港澳台同胞及离婚后回原籍的本村原村民，同时对农村住宅可以转让给非本村村民的行为作出了肯定：农村居民在集体所有的土地上建造的住宅转让给非本村村民的，只要双方到房屋所在地的区国土房管部门申办土地征用、出让手续后就可以交易。

（二）1999年1月1日—2007年6月30日："小产权房"性质的非正规住房

1998年修订的土地管理法规定，任何单位和个人进行建设，需要使用土地的，必须依法申请使用国有土地。因此，1999年1月1日后修建且未办用地、规划等行政许可手续，由村集体、农民单独或联合其他单位自行开发建设，以集资、销售、拆迁补偿安置或其他有偿方式同非本村集体经济组织成员进行房地产交易，主要用途为居民住宅的所谓的"农村集资房"属于违法建筑。然而，这种带有"小产权房"性质的非正规住房在2009年通过粤府〔2009〕78号文得到了认可。因此，1999年1月1日至2007年6月30日前在集体土地上未办理用地、规划等行政许可手续，自行开发建设并销售的、主要用途为居民住宅的房屋是"小产权房"性质的非正规住房。

（三）2007年7月1日至今：不被认可的"小产权房"性质的非正规住房

自1999年5月6日《国务院办公厅关于加强土地转让管理严禁炒卖土地的通知》（国办发〔1999〕39号）作出"农民的住宅不得向城市居民出售，也不得批准城市居民占用农民集体土地建住宅，有关部门不得为违法建造和购买的住宅发放土地使用证和房产证"的规定后，"宅基地房""农民公寓"等就真正地成为"两违"建筑。虽然性质已与特殊政策背景下的"农村集资房"不同，但时人尚将其称为"农村集资房"。直到 2007年12月下发的《国务院办公厅关于严格执行有关农村集体建设用地法律和政策的通知》（国办发〔2007〕71号）要求城镇居民不得到农村购买宅基地、农民住宅或"小产权房"，国家层面上的文件才第一次公开采用"小产权房"这一概念。2007年7月1日起，在农村集体土地上未经用地及规划等行政许可自行开发建设、对外销售、不能获得合法产权的房屋可称之为暂不被认可的"小产权房"性质的非正规住房。

二、本书研究对象界定

综上所述，本书研究的非正规住房主要包括三种：①以镇政府主导"自上而下"的"集资房"；②以村集体主导、农民为辅"自下而上"的"宅基地房""房地产开发项目”；③未被认可的“小产权房”。其中，“集资房”是指由区城镇建设开发总公司及各镇的分公司在农村集体土地上进行集资修建的房屋；“宅基地房”是指由村集体或农民个人以修建宅基地房之名，独自或与他人联合，在宅基地上或其他农村集体土地上修建并出售的房屋；“房地产开发项目”是开发商直接与村集体、社队协商，在农村集体土地上以修建宅基地房的名义报建、修建并出售的房屋。

按广州市人民政府穗府〔1997〕48号文对“农村集资房”的定义，本书的研究对象为：在1987年1月1日后，以房地产开发并对外销售为目的，建设在未办理正规土地征用手续的农村集体土地上，未合法缴纳土地出让金和各种税费的商品性住房。而研究重点集中在1987—2000年进行的半正规化空间生产——“农村集资房”的开发。因此，本书研究的非正规住房有以下特征：①以房地产开发、销售为主要目的，不限定销售对象；②建设在农村集体所有的土地上；③未合法获得政府房管部门核发的房地产权证；④未向合法的相关部门缴纳相关税费。

第二节　相关研究综述

国内的非正规住房问题研究起步较晚，自原建设部于2007年6月18日发布购房风险提示后，非正规住房才成为国内社会各界关注的热点。

对于如何解决非正规住房问题，国内学术界主要从实践层面及制度层面进行讨论。从实践看，主张承认非正规住房合法性的学者认为，非正规住房可以合法化，但不一定商品化，不同类型的非正规住房可作不同处理（严焰、许琦，2008；李长健，2008；武建东，2008；刘江涛、张波，2008；蔡继明，2009）：①建立与集体建设用地使用权流转相配套的法律（法规体系，使农村集体建设用地使用权进入土地市场自由流转，使非正规住房合法化（黄学里，2009）；②以试点的形式先行在小范围内寻求解决之道，然后逐步完善规则、积极改革、规范并控制非正规住房的发展（黄泽勇，2008）；③通过立法进行土地制度改革，让农村集体土地真正成为农民的财产（傅成刚，2010）；④以租代售，将非正规住房的售卖行为变为长期租赁行为，期满后可通过无偿收回、缴纳一定费用或无偿续期等方式进行可持续的使用和管理（程浩，2011）。

国内外学者已从社会学、新制度经济学、法学等角度探索非正规住房的产生制度根源、形成机制，并提出解决方案，但现有研究仍存在四个问题：一是国内对非正规住房没有追根溯源，忽视了产生于20世纪80年代末到90年代“农村集资房”的形成原因、演进模式及机理研究。为充分认识国内非正规住房产生的根源，有必要重新检视非正规住房建设的历史，分析其内在机理。二是在研究方法上，偏重定性分析，较少关注定量分析，缺乏数理模型的构建，亟需加强定量研究。三是以经济、法律理论分析为主，空间数理分析研究较少，对于半正规空间生产的时空演进与影响因素的研究尚有待深入。四是有学者尝试引入“土地发展权”来解决非正规住房正规化问题，但也只止步于制度框架的构建，并未深入分析“土地产权”与土地增值收益之间的数理关系，其影响机理有待深入挖掘。

因此，在国家日益重视小城镇发展的今天，重新检视广州市非正规住房建设的历史，分析其内在机理，从中总结当年小城镇建设政策的得失，对探寻新型城镇化背景下的小城镇发展、“小产权房”治理等具有重要意义。

本书希冀引入空间生产理论及城市政体理论和分析方法，从理论上对非正规住房开发行为的相关利益主体的行为以及行为选择的逻辑进行分析，以解决国内非正规住房问题。

第二章　研究设计

第一节　研究意义

本书的研究意义和价值主要体现在如下三个方面。

第一，为认识国内非正规住房问题提供更全面的视角。本书以广州市白云区为案例地，基于制度变迁视角，探讨都市边缘区非正规住房的时空演化过程，深化和扩展了非正规住房理论研究。

第二，进一步丰富了非正规住房在地理学上的实证研究。本书结合空间分析和数理分析模型探讨非正规住房的时空演进特征与影响因素，丰富非正规住房问题的实证研究，并为其时空演进研究提供了新的视角。

第三，为构筑城乡一体化的土地市场规制及非正规住房问题治理提供新思路。本书从数理分析角度厘清各方贡献和土地增值的驱动机制，为土地增值收益分配量化准则提供了新思路，同时为政府制定相关政策提供参考依据。

第二节　研究方法与技术流程

一、研究方法

（一）宏观分析与微观分析相结合

本书是基于宏观现实背景和实证分析基础上的应用型理论研究。主要综合考察在制度变迁、小城镇发展研究等背景下，以广州市白云区非正规住房的现实问题为出发点，以深入剖析 广州市非正规住房的演进机制及问题根源。

（二）理论与实证分析相结合

本书以白云区为例，在广泛而深入的市场调查与分析的基础上，分析广州市非正规住房的演变、现状及空间格局，并在此基础上分析非正规住房的功过，最后上升到理论层次，通过空间生产及城市政体理论，剖析非正规住房的演进机制及本质，以丰富和完善目前现有的有关“小产权房”的研究。

（三）定量与定性分析方法相结合

本书以白云区为案例，在对非正规住房发展的现实背景的基础上，对非正规住房的时间演化进行定性分析，并在此基础上，基于GIS空间分析平台及SPSS数理分析平台，对非正规住房的时空演进特征及影响因素进行了定量分析。

二、技术流程

本书以广州市白云区为例，首先通过定量分析，探讨影响非正规住房空间分布的主要因素及时空演进特征。其次，通过分析不同供给模式下利益相关者的土地增值收益格局、利益诉求的变化及各主体的行为选择，认识非正规住房的形成、发展和异化的演化机制。最后，构建特征价格模型，分析农地非农化后土地增值的形成机制，提出正规化路径选择方案。具体研究分三阶段完成。

第一阶段，研究工作从两个方面入手，一方面，收集、阅读相关文献，开展研究综述，进而从中提取研究所需要的有关理论；另一方面，从选定案例入手，收集有关广州市“农村集资房”的相关背景资料和数据，并展开相关的市场调研，同时选取典型案例进行实地考察，以求对研究案例有较为清晰的认识，并掌握丰富的一手资料。

第二阶段，一方面对理论进行延伸和演绎，另一方面深入分析已有资料和数据，寻找研究切入点及创新点。在此基础上，将理论及案例做出初步的结合，进行研究方法的匹配，确定研究方法。

第三阶段，对研究结果进行抽象，作出理论解释，形成有效的研究成果。本书研究路线图见图2–1。

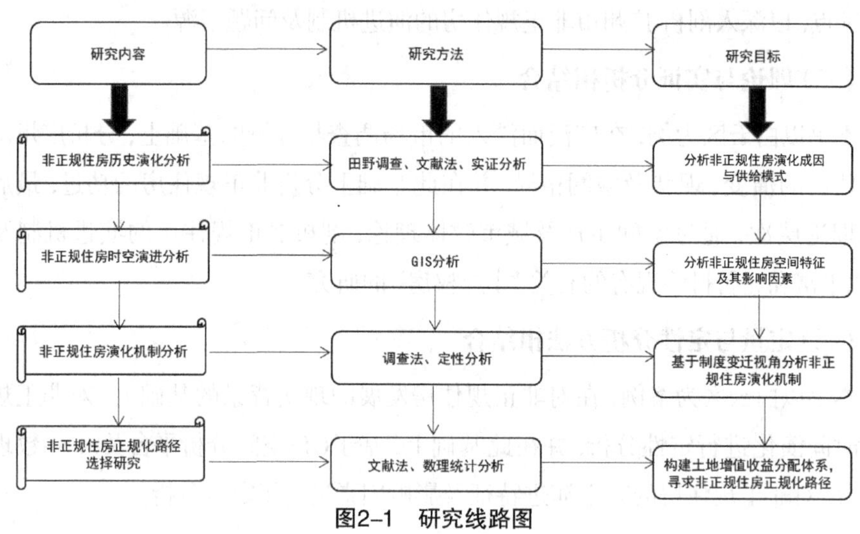

图2-1　研究线路图

第三节　研究区域

一、案例地概况

（一）白云区概况

1. 区位及行政区划分

白云区位于广州市中心区北部，地处北回归线以南，区境地理坐标为东经113° 08′ 至 113° 34′ 、北纬 23° 07′ 至 23° 25′ ，南连黄埔、天河、越秀、荔湾，北至从化区、花都区，东邻萝岗区，西临佛山市南海区。白云区的建制几经变迁，1987年1月经国务院批准易名为白云区，列入城区建制。至2002年末，全区面积为907.71平方千米，占广州市区土地总面积的25.50%；全区户籍人口为85.2万人，外来人口为110万人；有10镇15街188村。于2005年行政区重新划分后，辖区内有三元里街、松洲街、景泰街等14条街道，4个中心镇（江高镇、太和镇、人和镇、钟落潭镇），4个中心镇共有118个行政村。至2020年末，常住人口约375.9万人，面积约795平方千米，占广州市区土地总面积的8.50%，辖4镇20街（见表2–1）。

表2–1　1990—2020年白云区人口情况历史数据

年　份	年末常住人口（万人）	年末户籍人口（人）	镇（个）	街（个）	村委会（个）	居委会（个）
1990年		687664	13	4	183	
1991年		697840	14	4	183	

续表

年 份	年末常住人口(万人)	年末户籍人口(人)	镇(个)	街(个)	村委会(个)	居委会(个)
1992年		715890	14	4	183	
1993年		735123	14	4	185	
1994年		754092	14	4	186	
1995年		768179	15	5	185	
1996年		781154	15	5	185	
1997年		797294	15	5	185	
1998年		810385	15	5	185	
1999年		823426	15	5	185	
2000年		841386	15	6	195	201
2001年		857129	14	11	177	265
2002年		852199	10	15	144	261
2003年		804257	9	15	132	266
2004年	146.45	806813	4	15	132	251
2005年	155.45	754969	4	14	118	235
2006年	165.46	760954	4	14	118	236
2007年	177.24	770506	4	14	118	245
2008年	190.27	784846	4	14	118	245
2009年	205.16	799890	4	14	118	247
2010年	222.48	828450	4	14	118	247
2011年	223.67	843484	4	14	118	251
2015年	240.34	917827	4	14	118	250
2018年	362.00	1033413	4	18	118	281
2020年	375.91	1162034	4	20	118	284

资料来源：广州市白云区各年度统计年鉴。

2. 外来人口

位于城乡接合部的白云区，对内地劳动力的吸引力很大。据1990年第四次人口普查资料统计，1990年白云区的外来人口为8.88万人，占全区人口的10.73%，比1982年第三次人口普查时的4877人增加了17.22倍。全区18个镇、街中，外来人口占镇、街人口10%以上的有同和街、新市街、石井街、江高街、景泰街、矿泉街、三元里街和松洲街等8个镇、街。而雅瑶镇、神山镇、人和镇、蚌湖镇、龙归镇、竹料镇、钟落潭镇、九佛镇和萝岗镇等的外来人口在全镇人口中的占比低于10%。全区劳动力为51.36万人，其中外来劳动力为7.76万人，占全区劳动人口的15.1%。而在乡镇企业的调查中，外来劳动力占了53.78%。2000年，白云区的外来人口比1990年增加了10余万人，达到了79.2万人（见表2–2）。

表2-2　广州市2000年外来人口情况

地　区	外来人口	省　内	省　外
全市	3312887	1162909	2149978
东山区	84780	38070	46710
荔湾区	65674	36871	28803
越秀区	47410	25375	22035
海珠区	394036	193059	200977
天河区	488355	228437	259918
芳村区	121317	54156	67161
白云区	792020	293793	498227
黄埔区	191296	65242	126054
番禺区	715910	138965	576945
花都区	178905	46759	132146
增城区	182540	30614	151926
从化市	50644	11568	39076

资料来源：广州市地方志（2000）。

3. 土地利用

白云区城乡二元结构特征明显，行政建制包括镇、街两级，属城市边缘区性质，具有典型的大城市城乡接合部空间特征，形成了城市型与农村型用地交错分布、轮廓复杂的土地利用形态，农村地区仍占较大比重。至2002年末，全区耕地23606.65公顷，占26.01%；园地12944.47公顷，占14.26%； 林地26633.87 公顷，占29.34%；建制镇用地1140.03公顷，占1.26%；农村居民点用地6744.43公顷，占7.43%；工矿用地6937.75公顷，占7.64%；特殊用地693.07公顷，占0.76%；交通用地2472.34公顷，占2.72%；民用机场用地718.81公顷，占0.79%；水利设施用地843.69公顷，占0.93%；未利用土地3007.99公顷，占3.31%（见图2–2）。

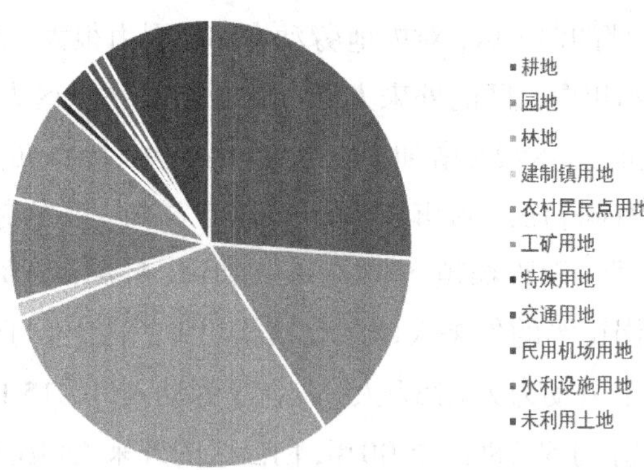

图2–2　2002年广州市白云区土地利用情况

4. 经济发展

白云区紧邻广州城市中心，地理位置优越，比增城区、花都区更接近广州城市中心区。20世纪90年代以来，广州大城市的强大辐射力，为白云区的发展提供了诸多机会，1990—2011年白云区的GDP、第二产业、第三产业基本以两位数的速度增长（见表2-3）。但一直以来，在广州市的空间发展战略中，白云区主要担负着重要的生态功能，其经济发展水平与城市化率与其作为经济发达的广州市的一个区的地位并不相符。在20世纪90年代，与其他区相比，白云区相对落后。2001年，白云区人均工资位于全市第8位，城市化水平为50.69%，与广州市的平均水平（83.79%）差33%；区内发展水平差距较大，全区的经济总量相对集中在近郊的八街三镇，其面积占全区的20%，但经济总量占83%，而其他镇只占全区经济总量的17%（方中权，2005）。

表2-3　1990—2020年广州市白云区各产业增长分析

年份	生产总值		第一产业增加值		第二产业增加值		第三产业增加值	
	实绩数（元）	比上年增加（%）	实绩数（元）	比上年增加（%）	实绩数（元）	比上年增加（%）	实绩数（元）	比上年增加（%）
1990年	152443	9.5	54182	15	46164	–2.5	52097	24.7
1991年	185481	19.6	63516	14.7	58446	27.5	63519	17.4
1992年	246604	24.8	78229	15	87522	42	80853	17.4
1993年	403573	39.6	106265	10.9	163804	68.7	133504	31.8
1994年	556527	24.3	150186	21.1	214213	25.7	192128	24.7
1995年	690777	18.9	184516	12.9	244830	16.3	261431	27.2
1996年	816218	13.3	197800	2.3	306856	18.8	311562	13
1997年	915477	15	200668	3.2	333457	9.9	381352	29.9
1998年	1033082	15.2	198982	1	385778	16.7	448322	20.3
1999年	1133822	13.9	194277	7.4	430682	15.6	508863	14.5
2000年	1288653	13.2	200863	–4.7	486493	15.8	601297	17
2001年	3021881	11.9	188144	–6.3	953091	8.9	1880646	16.2
2002年	3431040	13.5	195208	3.8	1054094	11.4	2181738	15.9
2003年	3913148	13.1	204396	3	1264551	16.8	2444201	11.9
2004年	4470397	12.9	207307	3.1	1443967	10.6	2819123	15.3
2005年	5278494	13.3	257490	7.4	1634759	11.1	3386245	15.1
2006年	5484104	13.2	195489	2.2	1673724	17.6	3614891	12.2
2007年	6322616	13.5	237108	1.8	1909202	10.7	4176306	15.5
2008年	7215887	11.6	255870	1.5	2110455	7.1	4849562	14.1

续表

年份	生产总值		第一产业增加值		第二产业增加值		第三产业增加值	
	实绩数（元）	比上年增加（%）	实绩数（元）	比上年增加（%）	实绩数（元）	比上年增加（%）	实绩数（元）	比上年增加（%）
2009年	8088719	11.7	254600	2.6	2155022	8.5	5679097	13.5
2010年	9390914	13.3	263378	–4.4	2319751	3.9	6807785	17.8
2011年	10763528	12.2	285229	–2.9	2569040	9.7	7909259	13.6
2015年	15485560	7.7	328371	2.0	3310277	6.0	11711004	8.4
2018年	19356653	8.9	287163	8.7	3930651	6.6	15138839	9.6
2020年	22512576	0.2	380959	10.8	5027523	19.7	17042619	–5.6
备注：(1) 2000年之前统计范围是区属口径。(2) 2001—2004年数据是根据2004年白云区经济普查结果计算的GDP为标准修订的，统计范围为新行政区域的在地口径，即不含萝岗镇、九佛镇和矿泉街数据。(3) 从2005年开始人均GDP按照年平均常住人口计算。(4) 生产总值及各产业增加值绝对数均按当年价格计算，增速按可比价格计算。								

资料来源：广州市白云区各年度统计年鉴。

5. 乡镇企业发展情况

20世纪80年代末，广州市政府提出“城乡结合办工业”，鼓励乡镇企业“四轮驱动”，白云区的乡镇企业得到了巨大发展。这期间，中外合资、合作、独资企业和“三来一补”等外向型企业和横向联营企业有较大发展。到1995年，乡镇企业数增加到1.2万个，企业人数为16.65万人①。

虽然白云区乡镇企业发展迅猛，但为了发展经济、增加收入，乡镇政府和本地居民过分地追求经济绩效，在发展和引进工业项目时，只注重经济收入，并没有长远的产业规划，因此工业项目存在重复建设并呈“小、散、低”局面，工业园各自为政，住宅、公共服务设施等配套并不到位。

随着乡镇企业的兴起，大量的外来人员涌入，租房需求巨大。在城市尚未作出反应之际，近郊如白云区三元里火车站附近的农民已看到这一巨大的商机，利用各种理由大量申请宅基地，在宅基地上建设起一栋又一栋的出租屋，最后出租屋收入甚至发展成为他们收入的主要来源。将这种变相的宅基房收租行为作为谋生手段，只是农民经济观念转变的开始。

自20世纪90年代初开始，出于利益上的考量，集体土地使用权人不再安分于土地使用的各种法规，试图寻求与国有土地使用权对等的利益。出现了大量主动针对

① 资料来源于广州市白云区志。

城市居民，建设在农村集体土地的“非正规住房”和大量“集体建设用地”。农村分享城市化红利模式从单纯的出租物业收取租金演变为开发房地产获取开发利润的模式。

（二）太和镇概况

太和镇建于道光元年（1821），由营溪、谢家庄等8乡及海外华侨集资兴建太和圩，属番禺区。1958年划归广州市郊区。同年由太和、龙归两大乡合建太和公社，1984年改设太和区，1987年1月，撤区建太和镇，同年龙归地区7个乡，另设龙归镇。直至2004年6月，区镇级行政区划调整后，太和、龙归两镇合并为新的太和镇。龙归、太和合并前的太和镇由14个行政村和1个居民委员会组成：兴丰、穗丰、白山、和龙、米龙、大源、石湖、营溪、大沥、谢家庄、沙亭、头陂、田心、草庄、太和镇第一居民委员会。[①]

太和镇位于广州市东北郊，地处白云区中部，南距广州市中心18千米，北距白云国际新机场8千米。在20世纪90年代属典型的中郊区，镇内有广从公路、一环路、沙和路、沙太路、东太路和太九公路。

截至1997年，太和镇面积为127平方千米，是白云区的农业大镇。在20世纪90年代，原太和镇属城市边缘区性质，具有典型的大城市中远郊区空间特征，形成了工业型与农业型用地交错分布、轮廓复杂的土地利用形态。至1997年末，全镇耕地917公顷，占7.2%；园地1062公顷，占8.3%；林地7075公顷，占55.5%；建制镇用地520公顷，占4.1%；农村居民点用地1602公顷，占12.6%；城市用地59公顷，占0.5%；工矿用地9公顷，占0.07%；特殊用地18公顷，占0.15%；交通用地538公顷，占4.2%；水利设施用地172公顷，占1.4%；其他用地195公顷，占1.5%（见表2–4，图2–3）。

表2–4　1997年白云区太和镇土地利用情况

用地性质	土地面积（公顷）	占比（%）
耕地	917	7.2
园地	1062	8.3
林地	7075	55.5
建制镇用地	520	4.1
农村居民点用地	1602	12.6
城市用地	59	0.5

① 资料来源于太和镇志。

续表

用地性质	土地面积（公顷）	占比（%）
工矿用地	9	0.07
特殊用地	18	0.15
交通用地	538	4.2
水利设施用地	172	1.4
未利用土地	195	1.5
水面	571	4.5
合计	12738	100.0

资料来源：广州市白云区规划局。

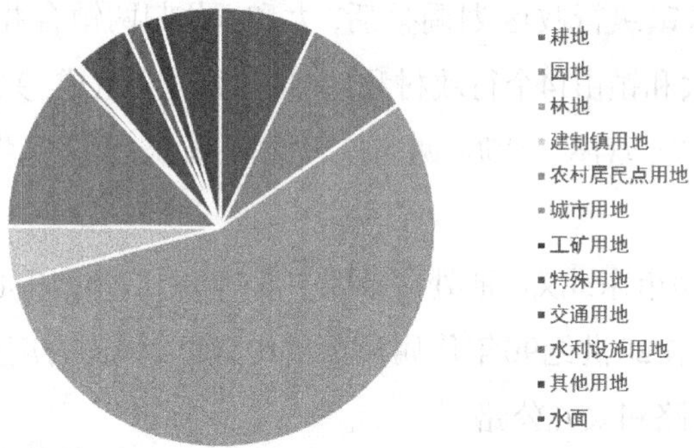

图2-3　1997年广州市白云区太和镇土地利用情况

资料来源：广州市白云区规划局。

二、案例地选取缘由

（一）白云区是广州市非正规住房最多的区域

据不完全统计，截至1997年，广州全市住宅性质的“农村集资房”①（以〔1997〕48号文定义）有1200多万平方米，多分布在白云、天河、黄埔、海珠、芳村区。而广州市白云区“农村集资房”（以〔1997〕48号文定义）项目和面积均居广州各区之首：项目有191个，而建筑面积接近800万平方米，占了全广州市非正规住房的三分之二。而剔除教工宿舍、社队自建的农民安置房外，以房地产开发为目的的非正规住房项目达170个，建筑面积为612.5万平方米是全区非正规住房的四分之三（见表2-5）。

① 这里所指的“农村集资房”为〔1997〕48号文定义的“农村集资房”。按〔1997〕48号文的定义，只要没有按照正规程序办理相关手续及缴纳相关费用的住房均为“农村集资房”，包括教师宿舍、农民自住的社区住宅及以房地产开发为目的的项目等。而本书的研究对象主要为以房地产开发为目的的“农村集资房”项目。为了避免混淆，本书以“农村集资房”指代〔1997〕48号文定义的住房。

表2-5　1987—1998年广州市白云区非正规住房建设情况

序号	建设时间（年）	项目数量（个）	建筑面积（平方米）
1	1987	2	12022
5	1991	7	469235
6	1992	24	1413512
7	1993	71	2527251
8	1994	22	462152
9	1995	26	569244
10	1996	14	600620
11	1997	2	23082
12	1998	2	48319
合计		170	6125437

资料来源：广州市白云区建设局。

（二）白云区太和镇是“农村集资房”开发模式首创之地

广州市非正规住房最先起于广州市白云区太和镇。1990年底，太和镇政府对镇域进行详细规划并成立“白云区城镇建设开发公司太和镇分公司”，比照广州城市建设“统一规划、合理布局、综合开发、配套建设”的思路以“外引内联”的方式进行“集资房”建设，首创以乡镇政府为主导的“太和模式”。随后，“太和模式”在白云区进行推广，并逐步蔓延至芳村、海珠区等地。

（三）白云区太和镇是广州市处理非正规住房问题的试点镇区

1992年开始，随着房地产市场升温，更多的资本注入非正规住房市场，项目也由各镇区转战到G106、G105国道沿线等靠近城市中心区的农村区域，开发模式出现异化。非正规住房的不断蔓延引起了广州市政府的高度重视。广州市于1994年7月，印发《关于坚决制止违法用地、违法建设的紧急通知》（以下简称穗字〔1994〕9号文）。该文件把非正规住房开发定性为违法用地、违法建筑行为。经过几轮市政府工作会议后，决定选取太和镇作为试点镇区，研究处理非正规住房问题的政策及措施，并于1997年发布了《关于处理我市农村集资房问题的决定》（以下简称穗府〔1997〕48号文），落实了处理非正规住房的具体操作细节。

因此，选取白云区作为广州市非正规住房研究案例具有极大的代表性，对其进行研究具有极其重要的参考价值。而太和镇作为广州“农村集资房”首创之地及广州处理非正规住房问题的政策试点镇区，研究其非正规住房的发展，分析非正规住房在小城镇建设中的利弊，也有很大的借鉴意义。

第四节　数据来源

一、现状信息来源

（1）白云区非正规住房的统计数据来源于对白云区建设局的档案资料整理。

（2）太和镇非正规住房的统计数据主要来源于太和镇非正规住房协调工作小组。

（3）广州市的相关土地市场数据来源于广州市国土房地产管理局。

（4）其他现状资料的获得：①现场踏勘有代表性的“非正规住房”小区10个，获取大量的一手资料；②通过田野调查获取太和镇非正规住房的现状资料。

二、访谈与问卷调查

因为非正规住房具有隐秘性、模糊性、变动性的特征，现状基础信息、数据的获取非常困难。因此，为了全面把握研究对象的发展问题，研究还采取了访谈与问卷调查的方式进行资料的收集。

（一）访谈

与区、镇非正规住房协调工作组的工作人员、白云区太和镇原开发公司的总经理、村委会工作人员、农民、购房者等相关利益集团围绕非正规住房问题进行交流，掌握相关情况，积累研究的基础素材。

（二）市场调查

为了了解非正规住房购房者的构成及特征、所获权证情况、对非正规住房的认知及态度，本书针对不同区位的非正规住房小区（包括天鸿花园、小城花园、新市置业广场、置业广场、云苑新村、梅花园新村、富和花园、珊景新村、竹料商业大街、金都小区等）发放市场调查问卷进行调查，发放500份，回收有效问卷381份（有效问卷是指受访人已对问卷中关键问题做出回答，而不是指问卷回答的完整程度）。

三、文献分析

本书的文献资料主要有以下两类。

一是参考文献：包括著作、论文期刊、研究报告等。

二是统计资料和档案文件：统计资料包括《广州市年鉴》（1990—2011）、《广州市白云区国民经济统计资料》（1990—2011）、《广州房地产年鉴》（2001）、《广州市地方志》（2005）及《太和镇志》等；档案资料主要是在白云区城建档案馆查阅广州市白云区非正规住房的部分历史资料，在广州市档案局查阅广州市1978—2014年的有关市长工作会议、广州政策文件及与非正规住房相关的法律法规文件，在太和镇档案室查阅1990—1997年太和镇相关的财政数据。

第三章 都市边缘区非正规住房历史演化研究

在国家经济转型的关键时期，土地制度和地方政策等经历了剧烈变革。在这一背景下，小城镇化的发展不再局限于工业领域，更扩展到了小城镇建设的各个方面。在小城镇快速发展的浪潮中，广州的基层政府尤其是乡镇政府，采取了“农村集资房”这种非正规住房的开发模式。

本章通过对历史脉络的梳理，结合广州市非正规住房发展的政策背景、小城镇发展的背景及其特点，将广州市白云区非正规住房的发展过程划分为四个阶段：萌芽期、快速发展期、发展调整期和无序发展期。

第一节 广州市白云区非正规住房形成政策背景

一、1980—1990年的地方政策

在改革开放初期，经济刚刚起步，发展资金成为小城镇发展的瓶颈。为解决建设小城镇发展的资金问题，1982年《广州市基本建设委员会关于小城镇规划、建设、管理工作若干问题的请示报告》（以下简称《报告》）不仅建议“解决小城镇的建设资金，除按国家规定在部分县开征公用事业附加费外，主要是靠自力更生，发展经济，增加地方财政收入，从中提取一定资金搞城建”，还提到“要搞好城镇管理，一定要建立一个强有力的管理机构，把城镇规划、建筑管理、房产管理、市政公用设施、园林绿化、交通市容等统一管起来”。

1984年10月广州市政府印发的《广州市小城镇建设座谈会会议纪要》（以下简称《会议纪要》）及1985年广州市建委印发的《小城镇建设管理工作的改革办法》非常明确地为镇政府获取小城镇发展资金指明了方向。

《会议纪要》提到" 加快小城镇建设，对发展城乡经济，关系极大"，各区、县的领导"要以改革的精神，变通那些同发展小城镇不相适应的政策，使小城镇建设有较快的发展"。《会议纪要》建议，各区、县可以根据本地区的财政情况，采取以下办法开辟多种集资渠道：①有条件的城镇可试行从工商利润中提取百分之五的城镇维护和建设资金。②对在城镇进行建设的工程项目，可以试行按基本建设投资的百分之五，提取市政建设费。③收取水、电附加费百分之五。④收取城镇土地开发使用费。⑤墟镇公共设施的维修与养护费用，可在各县墟镇工商企业开征的工商税附加、公用事业附加和农业税附加中安排一部分，具体数额由各区、县政府定。⑥有条件的区、县，可以设立综合性开发公司，统一对城镇土地进行开发经营、商品房及配套公共设施等。根据"人民城镇人民建"的方针，《会议纪要》还建议"采取单位和个人集资，发动群众义务劳动，以及争取华侨、港澳同胞投资等多种形式，筹集城镇建设资金"。《会议纪要》明确赋予了区、县政府土地开发及商品房开发的权力。

1987年11月18日，《关于进一步加强集镇建设工作的意见》中提出以下建设资金筹集渠道。成立房地产开发公司，对规划区内的建设用地实行商品化经营；允许各种经济实体按规划建设商店、住宅、服务设施，自主经营或出租；乡镇政府可通过征收城镇土地使用税、户口费等办法，筹集集镇房地产开发的启动资金。同时，还提出，集镇中的供水、供电、环卫、绿化、道路、工农贸易所等基础设施给予优先配置，使之逐步适应集镇经济和社会发展的需要。

随后，广州市《关于进一步加强集镇建设工作的意见》（粤建村字〔1987〕406号）中将小城镇开发的模式进一步具体化：在镇人民政府领导下，实行统一规划，综合开发，配套建设，逐步实施的建设方法。

在这样的背景下，广州市白云区政府提出房地产业带动当地经济的发展，同时推动镇墟的建设的小城镇发展思路，并在这一思路的指导下进行农村集体土地上的房地产开发，也就是"农村集资房"的开发。

二、1991—1994年的地方政策

1991年后，以"农村集资房"为交易对象的农村隐形房地产市场开始无序蔓延。为了规范农村用地转用行为，白云区在1991年3月发布了《关于办理用地报建程序和审批权限的意见》（以下简称《意见》）。《意见》中规定："农民使用耕地及其他用地建造自用住房的，应报市规划局审批；使用原有宅基地、村内空闲地建造自用住

房的，由镇政府审批，报区规划局备案。”这一规定给镇政府以“宅基地”进行非正规住房开发提供了操作的空间。

1992年，广州市人民政府转发了省人民政府《关于立即制止越权审批和非法占用土地的通知》，但非正规住房市场发展势头更猛，镇级政府对该警示也是听之任之，具体表现为：有令不行，有禁不止，越权或滥用职权审批土地、审批建设工程。在这样的默许下，非正规住房市场在1993年发展到了高峰。

1994年7月，随着城市房地产管理法的颁布，广州市政府印发了《关于坚决制止违法用地、违法建设的紧急通知》（穗字〔1994〕9号）。该文件把非正规住房开发定性为违法用地、违法建筑行为：“侵占国有土地或集体土地建‘集资房’是非常严重的违法用地、违法建筑行为，必须处理。”该文件规定：“凡在市属八区范围内，利用国有土地或集体所有土地进行建设的单位或个人，必须到城市规划管理部门和市、区土地管理部门申领建设用地规划许可证和土地使用证或建设用地批准书，并按基建程序向市、区城市规划管理部门办理报建，领取建设工程规划许可证和办理有关手续后方准施工。凡未经规划管理部门和土地管理部门批准，利用集体所有土地和宅基地进行违法建设的‘集资房’及其他违法工程，不得进行买卖、出让、抵押；房管部门不得确认产权；公证部门不得办理公证；供水部门不得供水；供电部门不得供电；公安户籍部门不得办理入户；邮政电信部门不得通邮、通话；工商行政管理部门不得发放营业执照；公安消防、环保、卫生防疫等部门不得进行专业验收。”

紧接着，1994年8月，广州市城市规划局印发了穗城规法〔1994〕25号文——《贯彻〈关于坚决制止违法用地、违法建设的紧急通知〉实施办法》。该文件对“建设在集体土地上的集资房”的处理更详细更严格。该文件规定：①农村集体经济组织建设、农村居民点住宅建设、乡村公共设施、公益事业建设均要按村镇规划进行，需要使用土地的，应由村民委员会向市规划局申领建设用地规划许可证后按相关规定申领建设用地规划许可证；②未经依法办理建设用地规划许可证和建设用地批准书或国有土地使用证而占用国有土地或集体所有土地进行建设的，均属违法用地；③市属八区范围内新建、扩建和改建建筑物、构筑物、道路、管线和其他工程设施，由区以上城市规划管理部门审批。其他机关和镇政府、街道办事处无权审批建设工程；④本辖区居民和农民私人住宅建设归区规划分局审批。1995年，原广州市城市规划局印发了《关于处理“集资房”必须经市规划局依据城市规划进行审核确认的通知》，详细明确了非正规住房的处理办法。

三、1995—1997年的地方政策

1995年，原广州市国土局、原广州市房管局组织相关部门到白云区太和镇、原龙归镇与芳村东滘村进行试点工作，探讨“农村集资房”的处理方案。原广州市国土局、原广州市房产局于1995年发布《关于贯彻穗府〔1995〕92号文处理“农村集资房”的工作意见的报告》，提出补办征用土地手续的试用程序：①由镇政府统筹的“集资房”由镇政府向区国土局、房管局提出补办征用地申请，由村民委员会统筹的“集资房”由村民委员会向区国土局、房管局提出补办征用地申请；②区国土局、房管局对补办案进行审查作出初审意见交区政府加具意见后，将案移交市国土局房、管局；③市国土局、房管局对补办案审核后发给答复书；④凭市国土局、房管局的答复书向有关部门缴费，而需缴哪几项税费由区政府与相关部门协议确定，缴完税费后，由区政府出具完税证明送市国土局、房管局；⑤与市国土局、房管局签订土地使用权出让合同，在广州市土地开发中心办理交缴土地出让金手续，然后按市、区分成比例，直接返还给区政府；⑥各项手续完备后发给建设用地批准书，并注记“集资房”建设用地。文中还规定，“集资房”用地的农转非问题，由区政府和镇政府办理，劳动力安置全部由镇政府自行解决；开发公司以购买宅基地形式开发的“集资房”，经处理后，按正常征地手续办理。

白云区非正规住房补办手续程序如下。

①向白云区规划局报送资料，包括：违法建设单位、违法建设时间、地点、建设项目类别、栋数、建筑面积、原用地性质、建设用地来源（含土地批准文件和合作建设合同、已使用土地面积、市政公共配套设施规模及能力、规划居住人口以及其他资料、图纸等）。

②由区规划局会同国家测量大队分队到现场进行土地测量，并根据城市总体规划、分区规划、详细规划的要求，作出初步审批意见。

③市规划局作出意见：确认或不确认。

④由经办机构补办手续后，取得建设用地批准书与建设用地规划许可证。

⑤完成工程后，向区建筑工程质量监督部门补办建筑工程验收质量认定书。

⑥补缴税费，补办手续后，可获得广州房地产权属证明书，凭证明书可以到相关部门办理标注有“集资房”字样的房产证。

为解决购买“农村集资房”入户问题，加快“农村集资房”的清理工作，1995年1月1日，广州市就白云区的太和镇、钟落潭镇、龙归镇、竹料镇、神山镇和雅瑶镇开

始试行《广州地方城镇户口管理办法》，把地方城镇居民户口纳入控制人口机械增长计划，按照"当地需要、当地受益、当地负担、当地有效"的原则，在公民权益、医疗、卫生、入学、就业、福利、计划生育等方面与当地常住居民享有同等待遇。办理入地方城镇居民户口的标准是：凡是在当地城镇已购买15平方米以上合法商品房，并在当地务工、经商的，可申请2—4人办理入地方城镇居民户口。1995—1998年，白云区共办理入地方城镇居民户口64户，190人。地方城镇户口只在本镇有效，不予办理迁移及市内移居手续。

1997年3月27日，广州市市长办公会议，提出务必在1997年底完成"农村集资房"的清理工作，并原则上同意《关于处理我市农村"集资房"问题的决定》及应补缴税费标准，同意免征城建税、教育费附加、教育专项及土地复垦费，营业税按市国土局房管局在白云区太和镇的试点做法，视作未发生销售行为处理，地价原则上按远郊每平方米建筑面积30元、中郊60元、近郊最高不超过300元的标准计收。会议提出，"集资房"所需的市政、公共配套设施不再投入，由所在区、镇按规定要求全权负责解决。凡经所在区农村"集资房"清理工作领导小组审定确认的"集资房"，凭统一的表格，到市有关部门办理供水、供气、供电和路、街命名和门牌等手续。会议还提出，凡经清理并确权的农村"集资房"，五年内一律不准解冻进入二级交易市场，五年后如要进入二级交易市场，应先按有关规定补缴税费。

1997年7月，广州市发布了《关于处理我市非正规住房问题的决定》（以下简称《决定》）。《决定》提出，不符合规划和安全要求的"集资房"一律予以拆除，对影响城市规划，但尚可采取补救措施的，由规划部门责令其整改，补办有关手续后保留使用，对不影响城市规划的，由规划部门责令其限期补办有关手续；经规划部门确认的"集资房"必须补交"集资房"市政、公用设施配套统筹资金，数额为"集资房"单项工程土建总造价的5%~15%，补交的统筹资金存入各区建设行政管理部门在市建设银行属下机构开设的专门账户，用于各区辖内中大型市政、公用设施的配套建设。

《决定》进一步明确了"集资房"的补办手续程序：①市、区规划部门在按照分工办理"集资房"规划审批的同时，根据城市规划指标审批配套设施规划设计要点，确定配套设施的数量、内容；②经办机构根据配套设施规划设计要点作出小区配套设施建设计划及筹措建设资金，报区建设行政管理部门审定，经办机构必须与区建设行政管理部门签订配套设施建设责任书，落实责任和义务；③经办机构向市、区规划、土地管理部门办理土地征用手续，将农村集体土地转为国有土地；④凭施工图、施工承包合同、地质钻探及质量保证等资料，向区建设工程质量监督部门补办建筑工程验收质量认定书。《决定》提出，对达到以上要求的项目，可同意建设单位根据土地使用合同规定，补办手续，边出售边配套，而1996年12月以后发生违法用地、违法建设的“集资房”行为要及时制止和拆除。《决定》中还提出，对发生违法用地、违法建设“集资房”行为的行政责任人作出不同情况的行政处分，对参与“集资房”建设的设计单位、施工单位等取消其在广州的设计、施工资格，并不准再进入广州建筑市场。

1997年发布的《决定》成为广州到目前为止，解决非正规住房问题最系统的操作文件。

随后，广州市原国土局、房地产管理局出台了《贯彻市政府〈关于处理我市非正规住房问题的决定〉的通知》，对48号文进行了补充：“集资房”由广州市房地产交易所办理补办交易手续；“集资房”项目中建设的道路、街道的命名按《决定》由市地名办委托区地名办命名，报市地名办备案。由市地名办给予答复后再由区地名办予以公布。此外，还明确了房地产登记测绘、登记确权和预售条件等方面的细节问题。

连续的几个文件，明确收回了镇政府的土地审批权，同时规范了非正规住房的建设审批程序，也让非正规住房市场从“明面上”的大规模的“农村集资房”开发转为“半暗地里”的“农村集资房”用地后续开发。但同时，这几个文件实际上又为“农村集资房”进行了正名。由于大多数非正规住房与城市规划并不矛盾或影响不大，因此在清理的过程中，对于大部分提交资料的“农村集资房”，广州市规划局给出的意见是：通过整改后可以保留继续开发。因此，大部分“农村集资房”就从违法用地、违法建筑的身份变成了有条件开发的项目。而在《关于处理我市农村集资房问题的决定》文件出台之前，因为政策不明朗，导致“农村集资房”建设是禁而不止。

直到1997年广州市发布了《关于处理我市农村集资房问题的决定》文件后，作为“自上而下”的“集资房”开发行为逐步退出了非正规住房市场，广州市的非正规住房开发彻底转为“暗地里”，开发名目由“农村集资房”变为“宅基地房”，开发主体主要是村集体、农民及私人开发商。

四、1998年后的地方政策

为配合穗府〔1997〕48号文的执行，1998年1月8日，广州市政府颁布了《广州市购买商品房申办蓝印户口暂行规定》。蓝印户口仅适用于广州市白云区、芳村区、黄埔区、海珠区、天河区和广州经济技术开发区指定的街、镇购买了合法商品房的居住者。在上述镇、街购买合法商品房，在缴纳相应的增容费后可办理入蓝印户口。被批准办理蓝印户口的人员，不办理户口、粮食供应关系迁出手续，也不在本市受理申、换、补领居民身份证手续。购房入蓝印户口只能在当地街、镇有效，在市内不予迁移；持蓝印户口者满7年，如无违法犯罪被送教养或判处刑罚和违反计划生育政策规定的，可申请转为广州市常住居民户口。1999年，广州市政府对蓝印户口的规定进行了修改补充，把申办蓝印户口范围扩大到投资开办个体工商户、私营企业，国内和港澳台来穗投资注册设立企业，驻穗机构，单位聘用及出国留学人员家属等非本市辖区常住户口人员。

现实中，由于非正规住房开发主体的复杂性和开发状况的多样性，穗府〔1997〕48号文并不能完全解决非正规住房的处理问题。而在之后的处理过程中，由于多种原因，非正规住房建设得以延续。

1998年土地管理法修订后，在农村土地上建设、销售给本村村民以外的居民的商品性住宅成为违法建筑，广州市非正规住房向“小产权房”转变。

自穗府〔1997〕48号文后，除了在1998年、2000年、2001年出台过一些有关税费标准及操作补偿外，广州市政府再也没有出台系统性的解决非正规住房的政策。后经粤府〔2009〕78号文，把1997年1月1日到2007年6月30日之前发生的、类似非正规住房开发的项目纳入〔1997〕48号文的处理范围。

自2007年，房地产市场进入快速发展通道后，这种被称为“小产权房”的农村“商品房”，随着商品房市场的发展而复苏、蔓延。本书对广州市白云区的田野调查及访谈发现，现阶段，进入非正规住房市场的资本以非正规的私人资本为主，其规模较小，导致广州市非正规住房建设呈现“项目分布面广，单项目建设规模小”的特征。

第二节　广州市非正规住房形成的小城镇发展背景

20世纪80年代初，广州市提出“以企生财”的手段大力发展小城镇。前身为社队工业的乡镇企业借助政策的支持，在乡镇政府、村委会推动下，不断发展壮大。1978—1983年，全市乡镇企业就业人数由24.87万人增至30.29万人，乡镇企业个数由

8861个增加到10952个，乡镇企业总收入由48614万元增长到128728万元。乡镇企业的快速发展提高了乡村城镇化水平。即使这段时期由于户籍政策的约束，农村劳动力转移尚处于控制流动阶段（顾朝林，2006），但仍然吸引了大量的农村劳动力流向乡镇企业。在这样的背景下，一种自生型的自下而上的城镇化悄然开始。

20世纪80年代中后期，广州乡镇企业"异军突起"，推动了农村经济继续向前发展，促进了小城镇的发展。在政策鼓励支持下，广州乡镇企业获得了极大的发展空间。1984年，广州乡镇企业发展出现了第一次高潮。自此，自生型的自下而上的城镇化快速发展。到了1987年，全市乡镇企业的个数比1983年增加6599个，从业人数增加了11.38万人，总产值增加了277067万元。

乡镇企业的建立推动了农村集体经济的发展，提高了农村居民的收入，转变了农民的经济观念，也使农村集体土地的市场价值显现了出来。在这样的大背景下，广州市的城市化水平和城镇整体发展质量不断提高，内地大量农村劳动力随着乡镇企业的布局流向了广州大小城镇。

1984年10月，《国务院关于农民进入集镇落户问题的通知》明确规定："凡申请到集镇务工、经商、办服务业的农民和家属，在集镇有固定住所，有经营能力，或在乡镇企事业单位长期务工的，公安部门应准予落常住户口，及时办理入户手续，发给《自理口粮户口簿》，统计为非农业人口。粮食部门要做好加价粮油的供应工作，可发给《加价粮油供应证》。地方政府要为他们建房、买房、租房提供方便，建房用地要按照国家有关规定和集镇建设规划办理。"这一政策使人口流动加快，鼓励了农民购房进城的积极性，扩大了集镇住房的需求。

随着大量外来人员的输入，广州市的廉租屋租赁市场得到了大发展（见表3-1）。

表3-1　1982年、1990年、2000年白云区外来人口对比分析

年　份	外来人口（人）
1982	4877
1990	88814
2000	792020

资料来源：广州市白云区志。

20世纪90年代，产业的发展和人口的聚集成为这一阶段广州市小城镇发展的基本动力和重要内容。但与之相配套的就业政策、公共住房政策、社会保障政策及城市用地政策等并没有及时跟上。在自下而上城镇化的过程中，大量外来务工人员的

涌入向广州市的住房供给提出了挑战，非正规住房应运而生。这种在农村集体所有土地上进行房地产开发的模式不单只为外来务工人员提供了足够的住房，也为发展小城镇的主要参与者——基层政府提供了大量的小城镇发展资金，更为开发者（投资者）谋取了巨大的利益。

由此可见，在当时，非正规住房与乡镇企业一起，成为广州在特定时期自下而上发展小城镇的动力及手段。

第三节　广州市白云区非正规住房历史演化及阶段划分

一、非正规住房的萌芽（1982—1986年）

20世纪80年代，在非正规住房萌芽阶段，广州市非正规住房主要的供给模式有两种：①广州有经济能力的企事业单位通过在职工中集资，在农村集体土地上建设没有产权的职工宿舍。如1986年建设在松洲街的教工宿舍楼。②靠近城区的城乡接合部的部分农民为了解决自身居住需求而进行集资建房。村民的"集资房"供给模式主要表现为"内部集资，原地改造"：由有意向的本地居民集资，拆除旧烂房屋后，在原有宅基地上建设7~8层的农民公寓，然后再按出资比例分配房屋（见图3-1）。

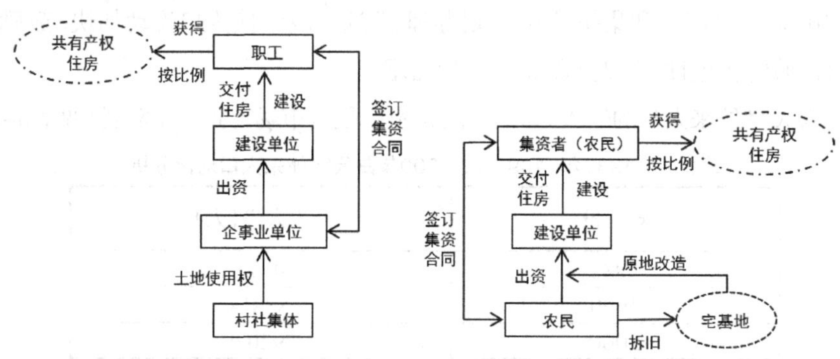

图3-1　企事业单位集资建房模式（左）与农民集资建房模式（右）

从某种意义上说，这一时期的非正规住房是真正意义上的"集资房"。无论是企事业单位职工还是集资建房的农民的目的均是满足更好的居住需求。而对于各级政府来说，城镇发展、城镇住房是亟需解决的问题，而居民自筹资金解决住房问题是当时选择的一种手段。

二、非正规住房的快速发展（1987—1993年）

（一）以农民主导的“农村集资房”性质的非正规住房开发（1987—1990年）

自20世纪90年代起，广州市的农村企业进入了一个崭新的发展阶段。然而，这些企业在扩张过程中遭遇了若干挑战，包括规模经济效益的缺失、管理体制的不完善以及产权界定的模糊。这些因素导致许多企业依赖庞大的资金流来维持运营，表面上看似繁荣，实则难以维持。从1992年开始，在政府的推进下，广州市的乡镇企业开始了以“拍卖转私”为主要形式的产权改革（杨廉，2010）。与此同时，广州市农民收入水平也大大提升。广州市统计数据显示，1989年广州市农村居民人均收入是1985年的2倍（见表3–2）。

表3–2　1985—1989年广州市白云区农村居民人均纯收入分析

年　份	农村居民年人均纯收入	
	实绩数（元）	比上年增长（%）
1985年	868	—
1986年	1006	13.8
1987年	1218	21.3
1988年	1424	16.9
1989年	1697	19.2

资料来源：广州各年度统计年鉴。

收入的增加激发了农民改善居住条件的需求。自1989年起，农村个人建房投资逐年上升，建房面积基本呈上升趋势（见表3–3）。

表3–3　1988—1991年个人建房情况

年　份	1988年	1989年	1990年	1991年
城镇个人建房投资（万元）	240	—	664	1294
城镇个人建房面积（平方米）	6843	—	29410	37862
农村个人建房投资（万元）	12913	9229	12501	12456
农村个人建房面积（平方米）	532910	296503	485109	532968

资料来源：广州市白云区各年度统计年鉴。

随着外资的引进、乡镇企业的发展、外来人口的增多，城乡接合部的房屋租赁市场逐渐形成，并带动了非正规住房的发展。这一时期的非正规住房主要集中在旧城区和城乡接合部，提供的住房多为单栋或以2~3栋为主的单体楼，楼层为7~8层。

购房者大部分为城镇居民及在城乡接合部务工或经商的先富起来的那部分本省外来人员，开发模式与萌芽阶段的“自主集资”非常相似，主要是“农民供地，集资开发”：由农民提供宅基地，而有意向的城镇居民或外来务工人员通过自身社会关系网获得信息，进而集资，由农民组织建设，建设完成后按协议分配住宅。不同的是，这一阶段的集资对象以城镇居民与外来务工人员为主。

（二）乡镇政府主导的非正规住房开发（1990—1993年）

1. 广州房地产市场快速发展

进入20世纪90年代，广州市房地产业迅速发展，商品房外销、内销同时发展，实行“实物地租”的国有土地有偿使用方式。1987—1993年，广州市房地产开发建设投资额达到年均增长74.5%的高速度。这一时期的房价仍由政府计划定价，基本上是卖方市场，购房以单位为主。随着改革开放的深入、土地有偿使用制度的建立，广州城镇化建设快速发展。这种高速发展具体体现在房地产市场的迅猛发展上。从1992年起广州市全面实行土地有偿有期使用制度，从实物有偿使用转变为货币有偿使用，房地产开发用地从行政零星划拨逐步转变为“五统一”。1993年起，广州市又以法规的形式发布广州市国有土地有期有偿使用权出让金标准。在这样的背景下，广州市房地产市场得到迅猛发展。1993年广州已成立房地产开发企业563家，是1986年的9.38 倍，房地产开发投资额为125亿元，是1986年的23.8倍；住宅开发面积为1168万平方米。这一时期，广州房地产开发投资增长快速，同时销售情况也非常良好，七年间，广州市商品房销售额达到年均增长42.5%，其中，1993年的商品房销售额为47.97亿元，是1986年的10倍[①]。由于销售形势良好，房地产的平均价格也大幅上涨。广州市中心区1992年的内销商品住宅房价为4000元/m^2起，是1990年的2.6倍，比 1991年的售价高出1/3，外销商品住宅价格为6700港元/m^2起；海珠区、天河区，内销商品住宅的价格为3000元/m^2起，是1990年的2.3倍，比1991年的售价高出20%，外销商品住宅价格为5500港元/m^2；芳村、广园路以北、天河区边缘，商品住宅价格为2700元/m^2，是1992年的2.25倍，比1991年的售价高出 54%，外销商品住宅价格为4000港元/m^2左右；郊区，主要是黄埔区，包括广州经济开发区，商品住宅价格为2000元/m^2起，是1990年的1.82倍，比1991年的售价高出 54%，外销商品住宅价格为3000 港元/m^2左右[②]。

---

① 资料来源于2001年广州房地产年鉴。

② 资料来源于2001年广州房地产年鉴。

2. 乡镇政府推动下非正规住房的快速发展

随着广州房地产市场的井喷，在乡镇政府推动下的非正规住房快速发展。随着外来务工人员的增多，产生了巨大的住房需求（见表3-4）。为解决小城镇建设资金问题，广州市政府提出了“自力更生，解决小城镇建设经费”的思路，并建议有条件的区、县，可以设立综合性开发公司，统一对城镇土地进行开发经营、商品房及配套公共设施。在这样的背景下，太和镇首创了以乡镇政府主导，镇属开发公司操作的“太和模式”（见图3-2）。

表3-4 1991—1998年广州市非正规住房开发与白云区暂住人口比较分析

年 份	非正规住房建筑面积（万平方米）	白云区暂住人口（人）
1991年	46.92	110709
1992年	141.35	221768
1993年	252.73	213191
1994年	46.22	128682
1995年	56.92	220914
1996年	60.06	284831
1997年	2.31	281895
1998年	4.83	315408

资料来源：1991—1998年广州市公安局年终人口统计表。

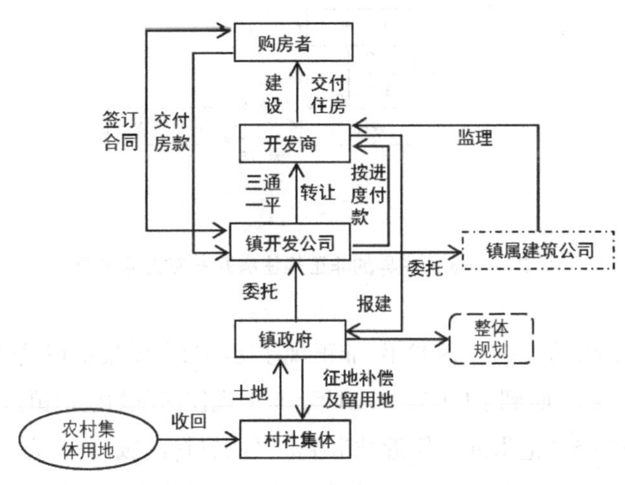

图 3-2 乡镇政府主导下的非正规住房开发运作图

随着广州市小城镇建设的推进，非正规住房开发在镇区悄然开展。1992年后，广州房地产行业出现狂热局面。随着房地产市场升温，更多的资本注入非正规住房市场，由于乡镇政府协调统筹乏力，开发模式发生异化，出现了村社集体主导开发模式（见图3-3）与农民主导的开发模式（见图3-4）。

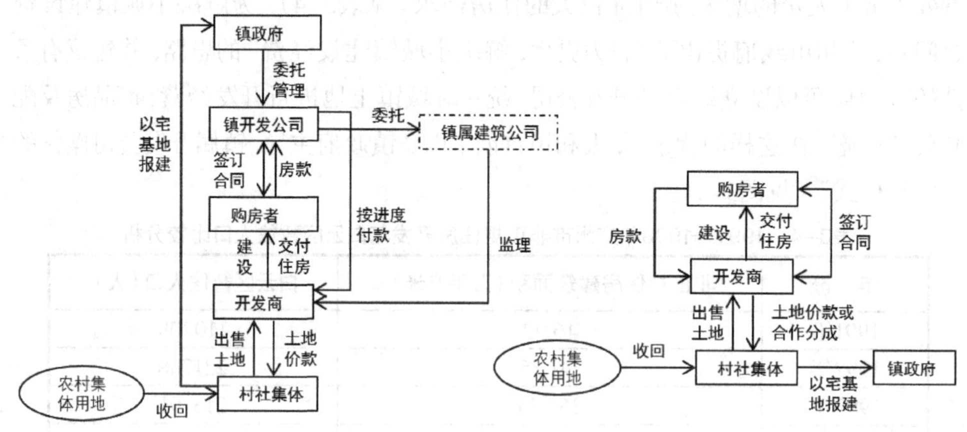

图3-3　村社集体主导的非正规住房开发模式运作图

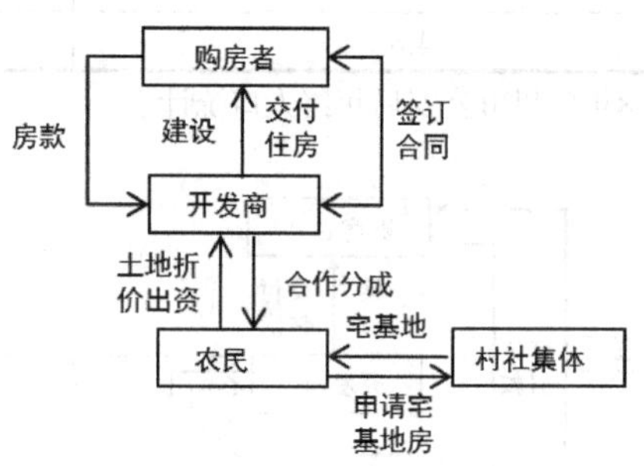

图3-4　农民主导的非正规住房开发模式运作图

以白云区为例，在1991—1992年，非正规住房项目主要集中在镇区（如江高镇、太和镇、竹料镇等），而到了1993—1994年，非正规住房项目已由镇区转战到白云大道、G106国道、G105国道沿线等靠近城市中心区的农村区域，目标客户人群也转向广州城区居民，出现了镇属城镇开发公司、村集体、农民个人与外来开发商共同开发农地的局面。1992年下半年开始，以“农村集资房”形式存在的非正规住房市场开始蔓延，在1993年发展到了高峰（见图3-5、图3-6）。

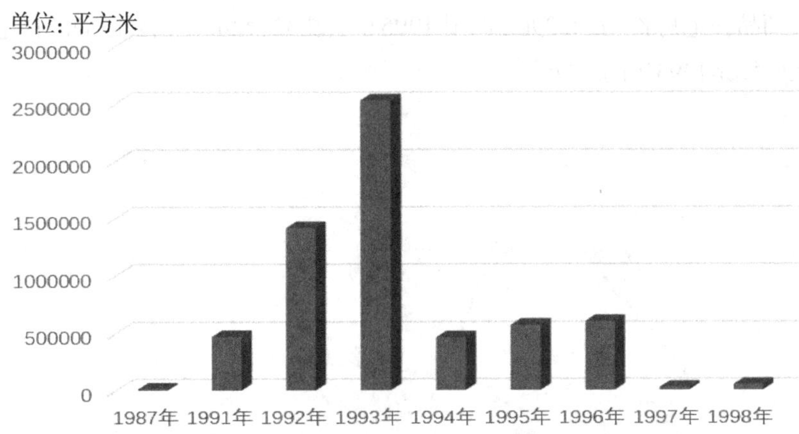

图3-5　1987—1998年白云区非正规住房建设情况

资料来源：根据白云区建设局资料整理。

三、非正规住房的发展调整期（1994—1998年）

（一）广州房地产业内部调整期

从1994年下半年开始，广州市房地产市场进入发展调整期。同时，为加强土地管理，1994年广州市开始强化土地立法，并在 1994—1996年，先后开展了三次土地大清理，分别对闲置土地，违法用地，高尔夫球场，城镇、村镇建设用地，开发区用地和农业结构调整用地进行清理。受到金融政策和土地政策的影响，自1994年下半年开始，广州房地产市场的增速有所减缓，但1994年、1995年房地产投资仍处于高位。到1995年，广州已成立房地产开发企业917家，是1990年的8.7倍，全市房地产投资达209亿元，是1990年的17.8倍①。进入1996年后，广州市房地产业进行内部调整。1996年、1997年全市完成房地产投资额分别为229.16亿元和237.42亿元，环比增长速度分别为9.6%和3.6%，远低于1992年、1993年的154.2%和215.1%。在国家政策调控影响下，1997年广州市新开工面积为533.99万平方米，比1995年的639.88万平方米下降了16.58%②。1994—1998年，虽然房地产投资有所放缓，但商品房销售状态良好。其中，1997年的商品房销售额为147.30 亿元，比1993年增加了100 亿元。由于销售形势良好，房地产的平均价格也稳步上涨。广州房地产市场在1998年后走出低迷，1998年全市商品房新开工面积达935.65万平方米，比1997年增长75.22%。1998年，广

① 资料来源于 2001年广州房地产年鉴。

② 资料来源于 2001年广州房地产年鉴。

州市全市商品住宅房价为4423元/m²，比1995年上涨323元/m²，白云区商品住宅价格为5221元/m²，是1995年的2.27倍[①]。

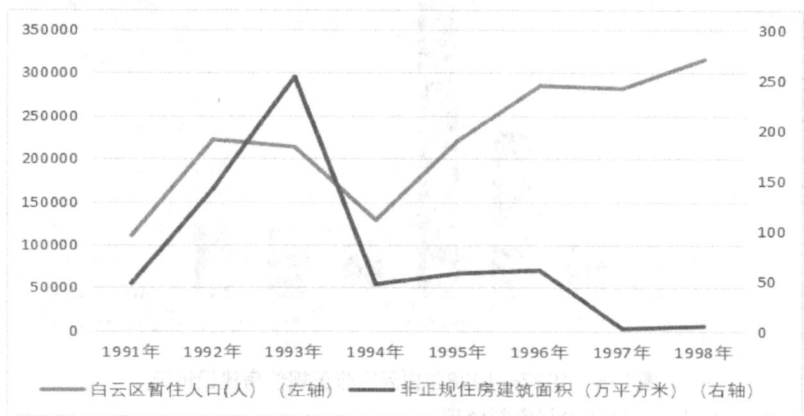

图3-6　1991—1998年广州市非正规住房开发与白云区暂住人口比较分析

（二）广州市非正规住房市场进入发展调整期

在房地产市场调整发展的背景下，广州市非正规住房市场也进入了发展调整期。广州市政府连续发文，明确收回镇政府的土地审批权，同时规范了“农村集资房”的建设审批程序，也让非正规住房从“明面上”的大规模的“农村集资房”开发转为“半暗地里”的“农村集资房”用地后续开发。但由于种种原因，清理工作难以开展，大部分已建、在建及未建的项目在获得保留意见后，没有补办手续，仍然继续在已规划用地上进行非正规住房的建设。因此，大部分非正规住房就从违法用地、违法建筑的身份变成了有条件开发的项目。在商品住房市场的强劲势头带动下，非正规住房的开发建设在1995上半年掀起了一个小高潮。

随着相关政策的出台、广州市政府查处“两违”力度的加大，非正规住房的销售出现困难。以白云区为例，1995年下半年开始，白云区的非正规住房市场开始萎缩。特别是远郊地区，在资金链断裂之下出现了大面积的烂尾项目（见表3-5，图3-7）。

表3-5　1995—1998年白云区未建成或未入住的非正规住房

镇、街	项目个数（个）	占地面积（平方米）	建筑面积（平方米）
钟落潭镇	1	5430	9755
竹料镇	1	284705	425000
良田镇	1	104125	206827

① 资料来源于2001年广州房地产年鉴。

续表

镇、街	项目个数（个）	占地面积（平方米）	建筑面积（平方米）
江高镇	4	32526	85849
人和镇	8	316802	158213
太和镇	3	138450	75336
龙归镇	3	39780	113396
同和街	5	74979	227228
石井街	1	647	4500
永平街	1	6125	10100
合计	28	1003569	1316204

资料来源：白云区建设局。

1997年，广州全面叫停“农村集资房”开发。随后出台的穗府〔1997〕48号文成为处理“农村集资房”的“法宝”。穗府〔1997〕48号文发布后，“集资房”开发行为逐步退出市场，广州市非正规住房建设势头得到有效遏制。大部分正规房地产开发公司也将资金从非正规住房市场抽离，或根据穗府〔1997〕48号文通过补办相关手续，使非正规住房转为合法商品房。

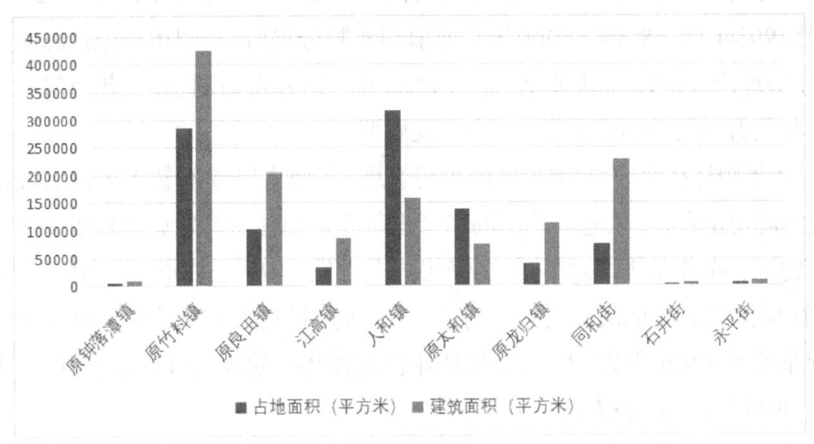

图3-7　1987—1998年白云区未建成或未入住的非正规住房

资料来源：白云区建设局。

四、非正规住房的无序发展期（1999年至今）

进入21世纪后，部分乡镇企业经过技术改造和产权再造，在发展规模和质量上都步入了二次发展的高潮，一些集团化和国际化的乡镇企业纷纷出现，产业之间的关联性进一步加强，企业集群发展的模式初具雏形，伴随着区域一体化，迅速融入了区域城镇带的发展之中。广州小城镇也取得了突飞猛进的发展，成为接纳外来人口的重要载体。根据统计部门数据，2000年以来，广州实际外来人口超过500万人（卢道典，2011），这些外来人口由于受教育程度、工作技能等方面的限制，有相当一部分选择在小城镇工作与生活。一方面，随着广州市城市化发展的推进，居住郊区化的现象日益明显，中心城区周边部分小城镇开始承接城市居住功能，成为中心城区外迁人口的流入地和居住郊区化的区域。另一方面，随着广州市中心城区土地资源日益稀缺，并且在产业梯度转移基本规律的作用下，部分城市功能逐渐开始外溢，近郊小城镇凭借区位和土地资源优势成为中心城区功能外溢的重要承载地。例如，位于太和镇的广州民营科技园和江高镇的广州个体私营经济园区成为承接中心城区转移部分制造产业的重要功能区；钟落潭镇内的高教园区是广州市三大高校聚集区之一，主要承接了中心城区外迁的部分大专院校。与此同时，外围小城镇也成为城市重大项目布局的新战略空间。如前所述，由于投入集体土地发展乡镇企业的推动，珠江三角洲一大批小城镇生机勃勃地发展了起来。

自1998年住房制度改革以来，广州市房地产市场需求保持了持续增长的势头，商品房成交相当活跃。1999年商品房销售面积突破600万平方米，达到629.66万平方米，比1998年增长8.8%；2000年全面取消实物分房后，广州市房地产总体发展形势良好，房地产投资保持快速增长。经过2001—2003年的调整，广州市房地产市场从2004年初开始复苏，随后进入了高速发展期。

1999年10月25日，广州市各区国土房管局、各镇人民政府暂停办理农民集体土地审批的规定出台后，以宅基地房的名义进行非正规住房开发就彻底变成了没有任何合法凭证、游离在法律之外的“小产权房”开发。1998—2000年，由于市场的低迷，村社集体私下征地的行为基本停止。开发商（投资人）主要是在原有规划用地上进行非正规住房的开发。但无论是从建设规模还是建设项目数量来看，均无法与1992—1994年的开发量相比。

随着城市化进程的推进，商品房市场高速发展。农地非农化开发的巨大利益使得非法建设一直难以禁绝，村社集体则继续与非正规资本结合，或者自筹资金，在集体留用地上进行农村集资商品房开发，而农民则在原有宅基地上引入私人资本，进行农村商品房开发。非正规住房的开发模式得到进一步的异化：①在历史遗留用地及征地留用地上，村社集体引入资金或在村民中集资进行10~15层的“农民公寓”开发；②在原有宅基地上，农民引入资金进行10~15层的“宅基地房”开发。以农民及非正规开发商开发的“小产权房”以“宅基地房”“农民公寓”的形式出现，开发主体转变为村集体或农民个体，而投资商则是隐身其后（见图3-8、图3-9）。

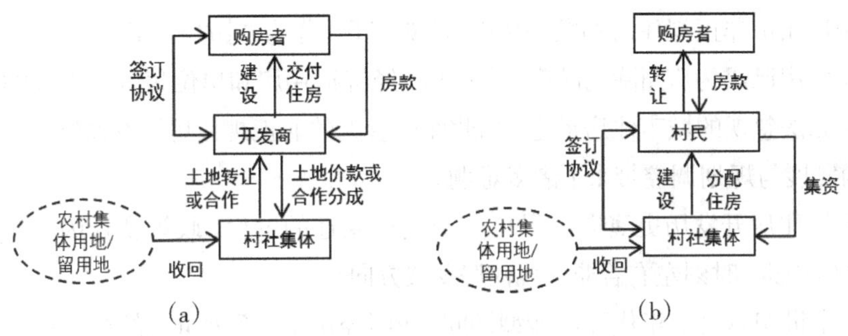

图 3-8　村社集体主导下的非正规住房开发模式运作

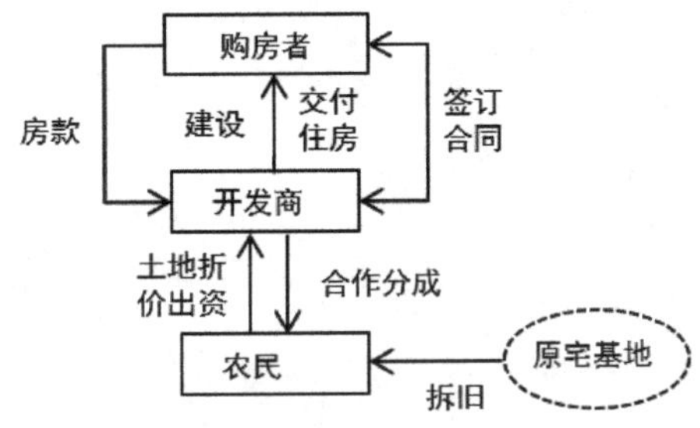

图 3-9　农民主导下的非正规住房开发模式运作

第四节　本章小结

按非正规住房演化的政策背景及特点划分，广州市非正规住房演化可以分为四个阶段：萌芽阶段、快速发展阶段、发展调整阶段及无序发展阶段。地方政府治理结构改变、社会结构变迁以及经济结构转型等多种因素相互作用，深刻影响着非正规住房的演化。非正规住房是伴随小城镇发展而来的，也是20 世纪80年代末90年代初，广州市小城镇发展的一种手段。作为小城镇发展的试验，农村集体土地的房地产开发行为在其开始之初就缺乏如税收规定、管理政策等与之相应的配套政策。因此，进入20世纪90年代中后期，随着房地产市场热度的上升、社会资本的大量涌入，非正规住房市场出现了异化，出现了镇开发公司、村集体、农民个人与外来开发商共存的局面，以“农村集资房”为交易对象的农村隐形房地产市场在广州市风靡一时。但随着城市房地产管理法的施行、财税制度的改革及商品房地产市场的发展，地方政府加强了土地管理的力度。在这样的背景下，广州市“农村集资房”变成了为地方政府所禁止的“小产权房”。

纵观广州市非正规住房的发展历史，不难发现，作为“小产权房”而存在的广州市非正规住房已成为广州除商品房、廉租房、经济适用房和单位集资房之外的一种违法却又无法忽视的城市住房形态，如此面广量大的非正规住房开发也给广州市城乡空间的发展与规划调控带来了诸多难题。

非正规住房开发历史演进过程是一个政策变迁的过程。政策变迁因素作为另一重要影响因素，时刻左右着非正规住房发展方向。

在二十世纪八九十年代经济转型期间，我国经历了一系列重大的社会观念变迁与体制转型。事实上，广州市非正规住房市场的存在和发展是不同阶段政策选择的结果，是城市化进程中的客观存在。

第四章 都市边缘区非正规住房时空演进研究

在非正规住房历史演化定性分析的基础上，本章基于ArcGIS、SPSS等分析平台，以广州市白云区为例，对广州市非正规住房项目的空间分布特征及影响因素进行梳理。结果表明：广州市非正规住房时空演进由“点状”发展走向“交通线状”蔓延，具有明显的空间聚集性；房地产市场发展水平及政策因素是影响广州市非正规住房时空分异的主要因素。

第一节 广州市非正规住房时空演化分析

20世纪80年代，为解决小城镇建设资金问题，位于广州市城市边缘区的白云区提出，以房地产业带动当地经济的发展，同时推动小城镇发展的思路。白云区太和镇（未与龙归镇合并前的行政划分，下同）首创了“以推动小城镇发展为诉求、以‘农村集资房’开发为表征”的半正规化的空间生产模式——“太和模式”，其他镇街相继效仿。1991—1992年，镇属城镇开发公司以宅基地房建设的名义在镇墟及周边农村开始了非正规住房的开发，并以此加快小城镇发展。然而，随着房地产市场升温，白云区非正规住房开发模式发生了异化。在没有任何正规规划的情况下，村社集体、农民私自引入开发商，在农村集体土地上以宅基地房名义进行非正规住房开发。开发区域也由各镇墟转战到以增槎路—G107、机场路—G106、白云大道—G105及广州大道北—S115为轴线的农村区域。1994年，镇政府宅基地审批权上收后，随着相关政策的落实及商品房市场的低迷，广州市非正规住房开始走向衰落。1996—2000年，由于市场的低迷，村社集体私下征地行为基本停止。开发商（投资人）主要是在靠近城区的城乡接合部原有规划用地上进行非正规住房的开发。但无论是从建设规模还是建设项目数量来看，均无法与1992—1994年的开发量相比（见图4-1）。

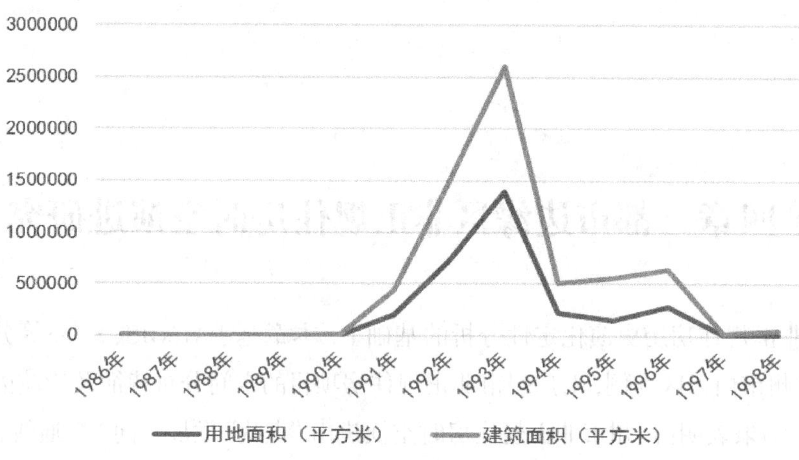

图 4-1　1986—1998年广州市白云区非正规住房项目用地及建设情况

截至2000年底，白云区有非正规住房项目达164个，建筑面积为600.9万平方米（见表4-1）。从行政区划来看，非正规住房项目空间分布主要集中在龙归镇、太和镇、人和镇、竹料镇。其中，龙归镇的非正规住房建筑面积居全区首位，占全区非正规住房建筑总量的 17.90%；太和镇的非正规住房用地面积为全区之最，占全区非正规住房项目用地的21.67%。人和镇、竹料镇的非正规住房项目建筑面积，分别占全区总量的8.88%、9.62%，非正规住房项目用地面积分别占全区总量的 12.22%、11.54%。城乡接合部非正规住房项目也相对较多，如京溪街非正规住房的建筑面积、占地面积分别占全区总量的8.87%、4.49%；永平街的分别占全区总量的5.33%、4.89%。城区的非正规住房项目在全区中的占比较小，如景泰街、三元里街的非正规住房项目建筑面积分别占全区总量的0.60%与0.69%，用地面积分别占全区总量的0.19%与0.55%。

表4-1　1987—2000年广州市白云区各镇街非正规住房建设情况

行政区	项目个数（个）	项目用地面积（平方米）	项目建筑面积（平方米）	项目用地面积占比（%）	项目建筑面积占比（%）
三元里街	4	15962	41720	0.55	0.69
景泰街	3	5516	36321	0.19	0.6
棠景街	4	11931	53298	0.41	0.89

续表

行政区	项目个数（个）	项目用地面积（平方米）	项目建筑面积（平方米）	项目用地面积占比（%）	项目建筑面积占比（%）
同德街	19	56158	294813	1.95	4.91
松洲街	7	32613	116185	1.13	1.93
金沙街	12	58593	236815	2.03	3.94
石井街	7	26388	67327	0.91	1.12
嘉禾街	1	5958	17440	0.21	0.29
黄石街	4	17165	37034	0.6	0.62
同和街	5	130812	196912	4.53	3.28
京溪街	12	129548	532950	4.49	8.87
永平街	8	140949	320147	4.89	5.33
龙归镇	25	506292	1075898	17.55	17.9
江高镇	7	90705	352397	3.14	5.86
太和镇	9	625208	889403	21.67	14.8
人和镇	25	352378	533423	12.22	8.88
神山镇	3	31662	64341	1.1	1.07
良田镇	2	105625	212827	3.66	3.54
竹料镇	4	333047	578080	11.54	9.62
钟落潭镇	3	208271	351651	7.22	5.85
合 计	164	2884781	6008982	100	100

资料来源：白云区城市建设局。

20世纪90年代白云区非正规住房开发向郊区发展趋势十分明显。依托主干道G106、G105的交通优势，拥有大量土地资源的中远郊的龙归镇、太和镇成为广州市白云区非正规住房开发热点区域，而这一开发热潮沿着主干道G105蔓延到远郊的良田镇、竹料镇及钟落潭镇。

通过GIS技术，将白云区非正规住房分布图与白云区最新土地利用总体规划（2009—2020）成果图之一的空间管制图叠加发现，现有白云区非正规住房基本在允许建设区范围内，少数在限制建设区和禁止建设区，如太和镇的龙归侨园和金龙新村建设在限制建设区，人和镇的金山综合楼、流溪新村、东华花园别墅区等建设在限制建设区，另有富和花苑、置业广场在禁止建设区范围。根据白云区城市规划局的档案室资料分析，白云区1997年以前修建的非正规住房大都是以宅基地的形式报建，没有被纳入市、区的总体规划之中，约有50%的集资房与规划相矛盾。其中，与26米以上规划路矛盾的有46宗，26米以下规划路矛盾的有24宗，与分区规划矛盾的有41宗，在白云山控制范围的有20宗。

第二节　广州市非正规住房时空演化空间测度

一、方法与数据处理

本书主要以1986—2000年白云区非正规住房作为主要研究对象（1986年的“集资房”主要是企业单位宿舍，因在其建设之初并没有完善土地获取手续，因此本书把其纳入非正规住房范畴），统计数据来源于白云区建设局的档案资料。以2002年镇街空间边界为基础，统计各镇街非正规住房的数量与规模等数据，并通过统计年鉴获取广州市及白云区相关的社会、经济数据。

首先，利用白云区建设局的原始资料进行整理，提取164个典型非正规住房项目，并对其进行数据要素提炼。其次，通过 Google Earth 查询和 Arcgis10.0系统赋予164个项目中心点的地理坐标。鉴于本书重点揭示小城镇发展背景下的非正规住房的空间格局演化过程、特征及驱动机制，因此，根据非正规住房供给模式的演化，时间上选取了1992年、2000年两个时间点的非正规住房空间分布数据，通过不同年份非正规住房的聚集度指数分析、缓冲区分析等判别非正规住房空间演进特征。最后，通过选取因子及指标，基于SPSS平台构建非正规住房时空演进影响因素分析模型，分析非正规住房时空演进的驱动机制。

二、空间测度模型

（一）聚集度指数

非正规住房的区位选择会受到社会、经济、政策和区位等因素的影响。为了判别区、镇中心对非正规住房项目区位的影响，本书运用 ArcGIS 10.0将非正规住房空间信息与2002年镇街空间分布图进行叠加，计算各时间段各镇街非正规住房项目相对村（社区）对镇街行政中心的聚集度指数。

空间分布模式可以划分为聚集模式、分散模式及随机模式。其中，基于Ripley’s

K函数的多距离空间聚类分析工具是一种分析事件点数据的空间模式的方法。该方法可对一定距离范围内的空间相关性（要素聚类或要素扩散）进行汇总。但是，这种工具只能分析出空间分布模式是否聚集，不能说明这种聚集是以哪个点为中心。为了分析不同镇街农村集资房项目集聚程度及与所属镇街行政中心的聚集关系，本书运用Arcgis10.0将农村集资房空间分布图与2002年镇街空间分布图进行叠加，计算各镇街农村集资房项目的集聚系数。其分析过程如下。

（1）本书假设区域内的农村集资房项目、镇街行政中心及各村（社区）在平面内是大小均一的一个个点；运用Arcgis10.0中的Feature To Point模块，提取各村（社区）的中心点。

$$D1i=\frac{1}{n}\sum_{j=1}^{n}dij$$

（2）运用Arcgis10.0计算各村（社区）到所属镇街行政中心距离dij，并计算其平均距离$D1i$，其中，i代表各镇街（i＝1，2，3⋯，m），j代表各村（社区）（j=1，2，3⋯，n）。

$$D2i=\frac{1}{n}\sum_{p=1}^{n}dip$$

（3）运用Arcgis10.0计算各镇街内“农村集资房”项目到镇街行政中心的距离dip，并求出相应的平均距离$D2i$，其中，i代表各镇街（i= 1，2，3⋯，m），p代表各“农村集资房”项目（p=1，2，3⋯，n）。

$$\mathrm{R}=\frac{D2i}{D1i}$$

（4）将每个镇街的$D1i$与$D2i$进行比较，即可得到反映项目相对村（社区）对镇街行政中心的聚集度指数R。

可通过R值的大小来判断各镇街“农村集资房”项目是否以镇街行政中心为中心具有聚集分布的规律。当0<R<0.5时，表明项目以镇街行政中心为中心趋于聚集分布；0.5<R<1 时，表明项目虽然在格局上趋近于聚集分布，但其聚集程度趋向均匀分布；当R ≥1时，说明项目的分布呈现均匀分布。

（二）缓冲区分析

为判别交通干线对非正规住房分布的影响，本书运用 Arcgis10.0中的缓冲区分析功能，对四大纵向主干道以100米为间隔做缓冲分析，分析各时点非正规住房项目数量、规模与四大纵向主交通干线距离的关系。

三、"农村集资房"时空演化的测度结果

（一）非正规住房由"点状"发展向"交通线状"蔓延

广州市白云区非正规住房空间演进呈现由点到线的发展态势。在1992年以前，非正规住房开发行为主要发生在当年的城区边缘及各大建制镇的镇墟，呈点状独立发展状态，尚未形成明显的以交通干线为轴线的发展模式。1993年后，凭借得天独厚的交通优势，区域内的增槎路—G107、机场路—G106、白云大道—G105及广州大道北—S115四大纵向主干道两旁的镇域土地价值凸显，吸引了大量私人资本，四大纵向主干道附近的土地成为非正规住房开发的重点，非正规住房空间演进开始由"点状"发展模式转向"交通线状"发展模式。1996年后，随着房地产市场的升温，各镇墟原有非正规住房建设用地、交通主干线的纵深方向的村社征地留用地及原有宅基地上的非正规住房建设屡禁不止，"交通线状"发展模式向纵深发展。

运用Arcgis10.0中的缓冲区分析功能，对广州四大纵向主干道以100米为间隔做缓冲区分析，将结果图层与1992年、2000年两个时间点的非正规住房空间分布图层进行叠加分析，得到不同主干道缓冲区内的非正规住房空间分布情况。

从表4-2可以看出，1986—1992年，在纵向对外交通干道与镇墟节点处，非正规住房项目个数明显高于周边地区，而在距主干道500米以内的缓冲区，项目个数占总量的比重为55.6%；1986—2000年，非正规住房项目沿道路集聚分布的趋势十分明显，在距离主干道500米以内的缓冲区，项目个数占比为54.3%，建筑面积占比高达61.2%。这一结果表明，交通干道对非正规住房的时空演进影响比较明显，非正规住房建设依赖重大交通干线向郊区扩展。

表4-2　主干道缓冲区非正规住房分布统计

项目到主干道距离（米）	年份	项目个数（个）	建筑面积（平方米）	个数占比	建筑面积占比	个数占比累计	建筑面积占比累计
0-300	1986—1992	17	652875	47.2%	34.2%	47.2%	34.2%
	1986—2000	75	3179169	45.7%	52.9%	45.7%	52.9%
301—500	1986—1992	3	94314	8.3%	4.9%	55.6%	39.1%
	1986—2000	14	500890	8.5%	8.3%	54.3%	61.2%
501—1000	1986—1992	7	600105	19.4%	31.4%	75.0%	70.6%
	1986—2000	22	873252	13.4%	14.5%	67.7%	75.8%
1001—1500	1986—1992	6	180514	16.7%	9.5%	91.7%	80.0%
	1986—2000	22	505856	13.4%	8.4%	81.1%	84.2%

续表

项目到主干道距离（米）	年份	项目个数（个）	建筑面积（平方米）	个数占比	建筑面积占比	个数占比累计	建筑面积占比累计
1501—2000	1986—1992	3	381709	8.3%	20.0%	100.0%	100.0%
	1986—2000	26	846815	15.9%	14.1%	97.0%	98.3%
>2000	1986—1992	0	0	0.0%	0.0%	100.0%	100.0%
	1986—2000	5	103000	3.0%	1.7%	100.0%	100.0%

（二）非正规住房时空演进具有明显的空间聚集性

根据非正规住房项目资料的可获得性及非正规住房项目分布情况，本书按2002年白云区的行政区划对非正规住房属地进行划分，并计算1992年、2000年各镇街非正规住房项目相对镇街行政中心的聚集度指数R（见表4–3）。

表 4–3　白云区非正规住房项目聚集度指数（*R*）

镇街	各村到相应镇街的平均距离（米）	项目到所在镇街行政中心平均距离（米）		R值	
		1992年	2000年	1992年	2000年
三元里街	676	652	698	0.96	1.03
景泰街	904	1310	918	1.45	1.02
棠景街	1501	776	922	0.52	0.61
同德街	892	852	967	0.96	1.08
松洲街	1597	1175	1266	0.74	0.79
金沙街	1028	564	941	0.55	0.92
黄石街	1393	—	1308	—	0.94
同和街	1047	569	553	0.54	0.53
京溪街	1225	813	777	0.66	0.63
永平街	1467	—	1324	—	0.9
石井街	3145	—	1806	—	0.57
龙归镇	2016	501	1011	0.25	0.5
江高镇	3567	1325	1148	0.37	0.32
太和镇	4560	859	983	0.19	0.22
人和镇	3721	764	1142	0.21	0.31
神山镇	2644	—	738	—	0.28
竹料镇	2563	1342	1267	0.52	0.49

续表

镇街	各村到相应镇街的平均距离（米）	项目到所在镇街行政中心平均距离（米）		R值	
		1992年	2000年	1992年	2000年
良田镇	5656	557	385	0.1	0.07
钟落潭镇	4186	—	350	—	0.08

通过空间聚集度指数R值测度，发现1992年、2000年的R值均有随着各镇街行政中心到区政府的距离增加而递减的趋势。中远郊区的龙归镇、太和镇、江高镇、人和镇及远郊的神山镇、竹料镇、良田镇、钟落潭镇的聚集度指数R多小于0.5，表明中远郊区及远郊的非正规住房项目均以镇行政中心为依托，聚集在镇行政中心附近；城乡接合部的石井街、金沙街、永平街、同和街、京溪街、棠景街等的聚集度指数R大于0.5小于1，表明城乡接合部的非正规住房项目虽然呈聚集分布，但其分布已趋于均匀；属老城区的三元里街、景泰街、黄石街及同德街等的聚集度指数R大于1或接近1，表明城区的非正规住房项目在其所在区域分布呈现均质性。

由此可见，由于非正规住房项目自身配套的不完善，其发展必须依赖周边生活设施及服务配套。城区及城乡接合部城市化水平较高，各种配套完善，为非正规住房发展提供了良好的配套服务，让其得以分散化发展；在中远郊及远郊，非正规住房散落在镇区及镇区周边，主要依托镇区较为完善的设施配套与服务配套进行规模化建设，并形成了以龙归镇、太和镇、江高镇、神山镇、竹料镇、良田镇及钟落潭镇等镇区为中心的规模较大的非正规住房聚集区。广州市非正规住房项目空间结构呈现出多中心扩散趋势。

（三）非正规住房空间演进存在区域差异性

白云区非正规住房单个项目规模在空间分布上具有明显的区域差异性。在三元里街、景泰街等老城区，非正规住房单个项目建设规模较小，单个项目的栋数均值为4栋，用地面积均值为3679平方米，建筑面积均值为15930平方米，且项目多以单体楼的形式存在，形成不围合的住宅小区。在同和街、京溪街、永平街、金沙街等城乡接合部，非正规住房单个项目建设规模较为适中，栋数均值为7栋，用地面积均值为8141平方米，建筑面积均值达24719平方米，项目多为围合式的住宅小区。在龙归镇、太和镇、江高镇、人和镇等中远郊区，非正规住房项目建设规模较大，单个项目栋数均值为11栋，用地面积均值为城乡接合部项目均值的2倍多，而项目建筑面积均值为35140平方米，项目以非围合住宅小区的形式存在。而在竹料镇、良田镇、钟落潭镇等远郊镇区，大多数项目规模巨大，项目栋数均值高达 39 栋，是中远郊区栋数均值的近4倍，用地面积均值为56550平方米，为老城区的15倍多，建筑面积均值为100575平方米，是老城区的6.3倍，是中远郊区的2.8倍（见表 4–4）

表4–4　非正规住房项目建设规模分析

区　域	项目栋数均值（栋）	项目用地面积均（平方米）	项目建筑面积均（平方米）
老城区	4	3679	15930
城乡接合部	7	8141	24719
中远郊	11	19432	35140
远郊	39	56550	100575

超过80栋的项目主要分布在土地资源丰富的远郊的竹料镇、良田镇和钟落潭镇及中远郊的龙归镇、太和镇，而位于城乡接合部的永平街的松园山庄为一大型别墅项目，成为栋数规模分布的异常值；20~80栋的项目主要分布在远郊的神山镇及中远郊区的江高镇、人和镇、龙归镇、太和镇；城乡接合部的永平街、京溪街、同和街、石井街及松洲街的项目主要为5~20栋；而老城区的景泰街、三元里街等的项目基本为1~5栋。从用地规模分级看，用地面积超过12万平方米的项目主要分布在太和、竹料及钟落潭；用地面积在3~12万平方米的项目主要分布在江高镇、人和镇、龙归镇、太和镇、竹料镇、良田镇等中远郊及远郊；而老城区的景泰街、三元里街等项目用地面积基本不超过1万平方米。从建筑量分级看，建筑面积超过15万平方米的项目主要分布在江高、太和、竹料及钟落潭等中远郊及远郊；建筑面积在5~15万平方米的项目主要分布在竹料镇、良田镇、钟落潭镇、江高镇、人和镇、龙归镇、太和镇、同和街、京溪街、永平街等远郊、中远郊及城乡接合部；老城区的景泰街、三元里街等的项目建筑面积基本在3万平方米以下。

第三节　广州市非正规住房时空演进的影响因素分析

一、指标选取

本书在考虑资料的可获得性的基础上，选择区位因素、社会因素、经济因素及政策因素等作为模型的自变量。其中，区位因素自变量2个，社会因素自变量3个，经济因素自变量5个，政策因素自变量1个（见表4–5）。

表4-5　广州市非正规住房空间分布影响因子指标体系

影响因素	主因子	因子含义及量化
区位因素	区域项目到区政府的平均距离	行政区域内各项目到区行政中心的最短距离的均值
	交通通达性	行政区域内各项目到G105、G106、G107、广州大道、白云大道等主干道的距离的均值
社会因素	区域总人口	区域内的常住人口
	区域外来人口	区域内的暂住人口
	区域劳动力	区域内乡镇企业人数
经济因素	区域农村社会总产值	区域内的农村社会总产值，包括农业、工业、建筑业、运输业及餐饮服务业
	区域农村居民人均纯收入	区域内农村居民人均税后总收入
	区域乡镇企业个数	区域内的乡镇企业总数
	区域乡镇企业总产值	区域内的乡镇企业总产值
	区域乡镇工业总产值	区域内的乡镇工业总产值
政策因素	小城镇发展政策因素	加快小城镇建设的相关政策，镇级区域取值3，城乡接合部取值2，城区取值1；试点镇街取值1，非试点镇街取值0；侨乡镇街取值1，非侨乡镇街取值0；政策因素的取值可以叠加

注：数据来自2001年的白云区国民经济统计资料。

二、影响因素相关性分析

利用SPSS17.0软件，进行Pearson相关性分析。即选择的11个自变量全部进入相关性分析模型，选取镇街区域内项目用地面积及建筑面积作为因变量，分析11个自变量与各镇街区域内非正规住房规模因变量的相关性（见表4-6）。

由表4-6可知，与各镇街区域内非正规住房项目用地面积规模总量较为显著相关的因素有：政策因素、镇街行政中心到区政府的平均距离、镇街内各项目到主干道距离与农村居民人均收入水平，相关系数分别为：0.598、0.498、-0.478与-0.606，其中，前两个影响因素与因变量呈正相关关系，后两个影响因素与因变量呈负相关关系。与各镇街内非正规住房项目建筑面积规模总量存在较为显著相关性的因素有：政策因素、镇街行政中心到区政府的平均距离、镇街内各项目到主干道距离与农村居民人均收入水平，P相关系数分别为：0.617、0.394、-0.375与-0.525，其中，前两个影响因素与因变量呈正相关关系，后两个影响因素与因变量呈负相关关系。

表4-6　各自变量与因变量的Pearson相关性分析结果

影响因素		政策因素	镇街行政中心到区政府的平均距离	行政区内各项目到主干线距离	年末户籍人口	外来人口	乡镇企业个数	乡镇企业人数	乡镇企业总产值	乡镇工业总产值	农村社会总产值	农村居民人均纯收入
各镇街项目用地面积规模总量	Pearson相关性	0.598**	0.498*	−0.478*	0.103	−0.261	0.398	0.345	0.066	0.102	0.115	−0.606**
	显著性（双侧）	0.007	0.030	0.038	0.676	0.280	0.091	0.148	0.789	0.677	0.638	0.006
	N	19	19	19	19	19	19	19	19	19	19	19
各镇街项目建筑面积规模总量	Pearson相关性	0.617**	0.394	−0.375	−0.022	−0.180	0.249	0.206	−0.012	0.009	0.033	−0.525*
	显著性（双侧）	0.005	0.095	0.113	0.927	0.461	0.304	0.398	0.961	0.971	0.895	0.021
	N	19	19	19	19	19	19	19	19	19	19	19

注：*. 表示在 0.05 水平（双侧）上显著相关，**.表示在 0.01 水平（双侧）上显著相关。

三、影响因素的回归分析

在影响因素的相关性分析结果中，选取项目用地面积规模总量及项目建筑面积规模总量为因变量进入模型，对其分别进行一元线性回归分析，分析结果如表4-7所示。

表4-7　各镇街非正规住房建设规模总量的回归分析模型

建设规模总量	模型	非标准化系数		标准系数	t	Sig.
		B	标准 误差	试用版		
各镇街内项目用地面积规模总量与各重要影响因素间的回归模型	（常量）	-146228.714	102852.206		-1.422	0.173
	政策因素	118196.554	38443.326	0.598	3.075	0.007
	（常量）	34052.317	61991.443		0.549	0.590
	镇街行政中心到区政府的平均距离（公里）	10218.614	4319.115	0.498	2.366	0.030
	（常量）	354717.419	72640.336		4.883	0.000
	农村居民人均纯收入（元）	-14.358	4.570	-0.606	-3.142	0.006
	（常量）	259424.955	60417.389		4.294	0.000
	行政区内各项目到主干线距离（米）	-173.090	77.110	-0.478	-2.245	0.038
各镇街内项目建筑面积规模总量与各重要影响因素间的回归模型	（常量）	-188158.600	166046.851		-1.133	0.273
	政策因素	200443.175	62063.747	0.617	3.230	0.005
	（常量）	164053.667	107971.142		1.519	0.147
	镇街行政中心到区政府的平均距离（公里）	13314.724	7522.648	0.394	1.770	0.095
	（常量）	606239.699	127804.264		4.744	0.000
	农村居民人均纯收入（元）	-20.437	8.041	-0.525	-2.542	.021

从表4-7中标准化后的情况可以看出，对于各镇街非正规住房项目用地面积规模总量来说，经济因素及政策因素的影响相当，而区位因素及交通条件次之；对于

各镇街非正规住房项目建筑面积规模总量来说，政策因素影响最大，经济因素次之，而区位因素影响最小。

（一）政策因素

由特征变量的回归系数可知，政策因素自变量对镇街内非正规住房的建设规模总量影响程度较大。对于用地面积规模总量来说，标准化后的变量系数为0.598；对于建筑面积规模总量来说，标准化后的变量系数为0.617。这意味着政策越利好，镇街内非正规住房建设规模总量越高。在政策利好的镇街内，非正规住房的建设规模总量大，而在地方政府监管力度大的区域，非正规住房建设规模总量较小。在小城镇发展政策的影响下，非正规住房在石井街、龙归镇、太和镇、江高镇、神山镇、竹料镇、良田镇、钟落潭镇等镇区的建设规模巨大，动辄几十万平方米，甚至上百万平方米的建设量。

（二）区位因素

由特征变量的回归系数可知，区位因素自变量对镇街内非正规住房的建设规模总量影响程度较政策因素次之。对于用地面积规模总量来说，标准化后的变量系数为0.498，对于建筑面积规模总量来说，标准化后的变量系数为0.394。这表明越远离区行政中心，镇街内非正规住房建设规模总量越高。而城区与农村区域非正规住房建设规模总量形成明显差异有两个原因：①农村区域有足够的土地资源可以开发大型的非正规住房住宅小区；②两者的城市化水平不同，城市监管力度不同。城区内城市化水平较高，城市监管力度相对较大；而农村区域的城市化水平低，地方政府的监管力度相对较弱。恰逢大力发展小城镇的契机，镇域的非正规住房得以规模化发展。

（三）交通可达性

交通可达性是非正规住房项目选址时考虑的重要因素之一，它直接影响着人们外出活动的方便程度。由回归分析结果可以看出，交通可达性对非正规住房用地规模有正向的影响，离主干道越远，交通可达性越差，非正规住房用地规模越小。其标准化后的变量系数为-0.478。由此可见，交通可达性增加了主干道沿线住房的需求，成为非正规住房建设的重要动因。白云区放射性的路网格局，使城市中心和对外交通与镇区的结点处的非正规住房用地规模明显高于周围地区。以龙归镇为例，G105、G106贯通整个镇区，而其非正规住房用地规模总量及建筑面积规模总量均居全区前列，是全区非正规住房建筑面积规模总量最大的地区。

（四）农村居民人均收入水平

农村居民人均收入水平代表着经济因素。由特征变量的回归系数可知，经济因素的变量对镇街内非正规住房的建设规模总量影响较大。对于用地规模总量来说，经济因素标准化后的变量系数为-0.606；对于建筑面积规模总量来说，标准化后的变量系数为-0.525。与政策影响因素相反，农村居民人均收入水平高的镇街，非正规住房建设总量较小；而农村居民人均收入水平较低的镇街，非正规住房建设总量较大。由此可见，区位条件好的镇街，农村收入水平高，但土地资源不充足。在土地资源供不应求的情况下，土地有偿使用费就会升高，开发商成规模拿地将变得困难，因此项目规模就会小。而随着区位优势的减弱，土地有偿使用费下降，开发商拿地成本降低，土地获取变得更加容易，项目规模也随之变大。另外，农村居民人均收入水平与项目规模分布的负相关也意味着，在经济转型阶段，农村有发展经济、增加收入的冲动。这一冲动促使村社集体及农民运用手上拥有的土地资源，或引资，或自筹资金，以“集资房”开发为手段发展经济，增加收入。

第四节 本章小结

本书通过GIS的空间分析功能，从区位、交通可达性及集聚程度三个方面对研究区域的非正规住房项目空间分布情况进行了定量分析。研究结果表明：

第一，广州市白云区非正规住房项目空间分布具有明显的交通指向性。随着道路缓冲半径的增加，项目所占比例也逐渐减小。据统计，当道路缓冲半径为500米时，缓冲区内的项目数量所占比重接近58.5%，而项目建筑面积总量所占比重则超过了73%。

第二，广州市白云区非正规住房空间分布具有明显的聚集性，但城区、城乡接合部与中远郊区、远郊的聚集指数存在差别。在城区，非正规住房项目的聚集指数大于1，项目主要以区政府为中心，空间分布呈均质性；在城乡接合部，聚集指数大于0.5而小于1，其空间分布虽然呈聚集的效果，但已有分散分布的趋势；在镇域，非正规住房项目的聚集指数小于0.5，项目主要以镇区为中心，以主干道为轴线，呈“大分散，小聚集”分布，并形成以龙归镇、太和镇、江高镇、神山镇、竹料镇、良田镇及钟落潭镇等镇区为中心的规模较大的非正规住房聚集区。

第三，广州市非正规住房项目空间分布具有明显的区域差异性。对于单个项目来说，建设量最大的项目出现在远郊的竹料镇及良田镇。项目建设规模总体上以竹料镇、良田镇为核心，以G105国道为轴线，呈马蹄状向城区逐级递减，在龙归镇、太和镇形成了非正规住房项目规模的次高峰。而老城区的景泰街、三元里街的项目建设规模较小，多为单体楼项目。

通过SPSS的数理分析，选取政策因素、区位因素、社会因素及经济因素等影响因素进行定量分析。结果表明：

第一，政策因素、区位因素、交通可达性及经济因素是影响各镇街非正规住房建设规模的重要因素。

第二，由特征变量的回归系数可知，政策因素自变量对镇街内非正规住房的建设规模总量影响程度较大。区位因素自变量对镇街内非正规住房的建设规模总量的影响程度较政策因素次之，越远离区行政中心，镇街内非正规住房建设规模总量越高。交通可达性是非正规住房项目选址时考虑的重要因素之一，离主干道越远，交通可达性越差，非正规住房用地规模越小。由特征变量的回归系数可知，经济因素自变量对镇街内非正规住房的建设规模总量影响较大，与政策影响因素相反，农村居民人均收入水平高的镇街，非正规住房建设总量较小；而农村居民人均收入水平较低的镇街，非正规住房建设总量较大。

综上所述，广州市非正规住房项目空间分布的影响因素较为复杂，在不同区域各影响因素的耦合关系及主导因素不尽相同，项目空间分布也表现出不同的特征，从而使非正规住房项目空间分布具有明显的区域性。

第五章　非正规住房治理路径研究

从历史来看，非正规住房的发展离不开政府、社区、市场的共同作用。这种作用是在一定的制度逻辑下发生的，又在一定程度上引起制度的变迁。

本章以小城镇发展为背景，通过分析“太和模式”的内在机理及其创立、异化过程，从微观层面分析农地非农化后土地增值的形成机制，构建特征价格模型，提出非正规住房的解决方案。

第一节　非正规住房的“太和模式”的形成与异化

一、“太和模式”形成

该模式为“乡镇政府牵头，镇属开发公司主导”，其操作程序为：①镇属开发公司以4万~6万元/亩的价格向村社集体购买土地使用权；②镇属开发公司统一规划，进行“三通一平”；③镇属开发公司按基底面积计价引进开发商（投资人），在收取土地使用费与合格的图纸后，开发商按单栋建筑向镇政府的村镇建设管理办公室进行报建，并交纳210元/m^2的建筑面积增容费、基础设施配套费，由镇政府相关部门颁发“农村建房许可证”；④开发商以施工队的名义进行建设，由镇属白云区五建一公司进行监理；⑤镇属开发公司以协助购房者办理“自理粮户口”和“广州地方城镇居民户口”为卖点（承诺只要购买太和镇属开发公司销售的住房，均可享受太和镇的学籍福利）与购房者签订合同并收取房款；⑥镇属开发公司根据监理公司评估的工程进度向开发商（投资人）拨付款项；⑦竣工交付后，镇属开发公司抽取总销售利润的8%，其他剩余款项全部拨付给开发商；⑧镇属开发公司向购房者交付住房，并由镇政府协助办理宅基地证及入户。

该模式下，名义上的开发主体——镇属开发公司既是“集资房”开发行为中的管理者又是参与者。作为管理者，它制定城镇建设开发总体规划、统一征收土地、统一土地开发、负责集资房建设工程质量监理、制定相关规则维护购房者合法权益。作为参与者，它帮助镇政府实现了小城镇发展及获得了房屋销售利润。在这个过程中，村社集体获得了征地收入，开发商（投资人）获得了销售收入，购房者获得了镇区住房及相关的户籍及学籍福利。这就是在特定时期，以房地产业推动小城镇发展的太和模式（见图5-1）。

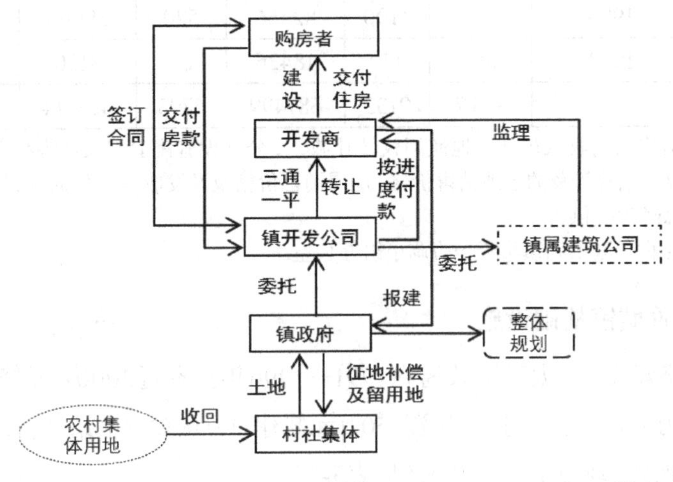

图5-1　“太和模式”运作分析图

二、“太和模式”：以地兴镇的试验

（一）推动城镇空间快速扩张

通过非正规住房建设，太和镇镇区从1990年的1.5平方千米迅速扩展到1997年的5.3平方千米。1997年禁止非正规住房开发以后，镇区扩张速度明显减弱。

在“集资房”开发的7年中，镇级政府获取了2.4亿元的土地使用权转让资金及集资房销售利润提成，极大地完善了城镇基础设施和配套公建建设，进一步改善了城镇发展条件（见表5-1）。

表5-1　1991—1997年太和镇非正规住房开发规模及收入情况

项　目	建设年份	已　建			已　售		镇属开发公司收入（万元）
		占地面积（亩）	套数	建筑面积（平方米）	套数	建筑面积（平方米）	
丰太小区	1991—1997	296	3183	238703	1683	114703	9164

续表

项　目	建设年份	已　建			已　售		镇属开发公司收入(万元)
		占地面积(亩)	套数	建筑面积(平方米)	套数	建筑面积(平方米)	
珊景新村	1993—1997	186	2373	177980	1870	140284	4809
商贸新村	1992—1997	147	630	44670	313	22223	3187
龙溪新村	1991—1997	89	132	9960	92	6968	907
如意新村	1991—1992	43	767	57564	620	46500	1684
碧泉新村	1991—1997	48	768	57630	614	46050	2081
大源山庄	1993	62	1100	82566	520	39066	1734
荔苑公寓	1994	14.7	179	18426	81	8120	387
合计	—	885.7	9132	687499	5793	423914	23953

注：镇属开发公司收入包括土地使用权转让收入、公共设施配套费及销售利润8%的提成。镇属开发公司收入估算涉及的土地销售价格、房屋销售价格及开发成本等数据资料为时任太和镇镇属开发公司总经理提供。

资料来源：白云区太和镇集资房协调小组办公室。

（二）改善城镇基础设施

除了道路建设外，太和镇政府在1991—1996年投资近2000万元修建、扩建学校，投资500万元修建自来水厂，投资550万元修建11万伏输变电站，并改善了镇区的交通、邮电、医疗、环境卫生等设施（见表5-2）。

表5-2　1987—1996年太和镇政府基础设施投资一览表

年份	投资金额(万元)	备注
1987	570	修建太和中学
1991	85	修建太和第二中学、打深井建水塔
1992	300	修建自来水厂
1993	27	修建下水道
1994	1741	修建下水道、太和第一中心小学、太和中心幼儿园、11万伏输变电站
1995	988	工业区“三通一平”、修建下水道、两座标准厕所、开设246路专线车
1996	440	自来水厂扩容、修建成人文化技术学校、维护联升学社、改造医院门诊部
1988—1995	500	改造广州市第115中学
1991—1994	18443	太和镇区规划区的“三通一平”及道路、街道建设估算
合计	23094	

续表

年份	投资金额(万元)	备注
说明: 1.集资房用地的平整成本没有估算在内; 2.太和镇域道路建设与街巷建设参照道路建设标准进行估算; 3.一览表中下水道、道路及街巷的建造成本为时任太和镇镇属开发公司总经理提供		

资料来源: 广州市白云区太和镇志。

在当时小城镇发展资金缺乏的情况下, 以宅基地房的名义修建的"集资房"解决了小城镇建设资金的问题, 客观上加快了城市边缘区小城镇的发展(见表5-3)。

表5-3　1993—1997年太和镇政府国家户财政收支与小城镇建设投资差额情况

年　份	1993	1994	1995	1996	1997
财政收入(万元)	245.6	54.8	--	35.6	134
财政支出(万元)	6.2	7	--	0.4	110.8
财政结余(万元)	239.4	47.8	--	35.2	23.2
小城镇建设投资(万元)	4637.8	6351.8	988	440	440
财政结余与小城镇建设投资的差额(万元)	-4398.35	-6303.95	--	-404.8	-416.8

资料来源: 太和镇档案室。

(三) 满足了快速增长的住房需求

1990—1998年, 太和镇先后建成了包括在镇区内的丰太小区、珊景新村、商贸新村、龙溪新村、如意新村、碧泉新村和朝辅区(原镇区用地上建设起来的非正规住房)等非正规住房小区及在镇区外的大源山庄及荔苑公寓, 提供超过9100套的住房。

20世纪90年代, 广州市非正规住房支撑了周边小城镇快速而粗放的城镇化进程, 缓解了财政匮乏导致的社会结构性矛盾, 特别是缓解了由于住房制度改革滞后带来的城镇住房问题。

三、"太和模式"的异化

自1992年开始, 随着房地产市场升温, 更多的社会资本注入非正规住房市场, 开发项目也由镇区发展到公路沿线靠近城市中心区的农村区域。开发主体也由镇政府主导走向市场化, 这导致了土地开发失控、空间的无序蔓延。

(1) 在缺乏镇域城镇规划的情况下, 乡镇政府为增加收入而默许开发商直接与城镇规划区之外的村社集体签订买地协议进行开发，再由村社集体以“宅基地房”名义向乡镇政府报建，以镇属开发公司的名义销售。

（2）村社集体完全绕开镇属开发公司的监管，私自引进开发商，在村社自有的集体土地上，以宅基地的名义报建，进行非正规住房建设。

（3）农民向村社集体申请宅基地或购买自有宅基地附近空闲的宅基地，私自引进开发商，以宅基地名义报建，进行非正规住房建设（见图5–2）。

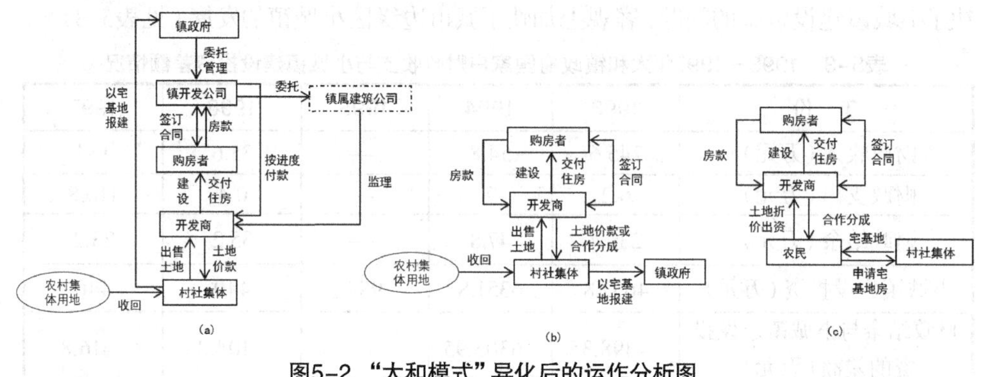

图5–2 “太和模式”异化后的运作分析图

这个时期，非正规住房开发主体出现了镇开发公司、村社集体、农民个人与外来开发商共存的局面。在广州市政府将“农村集资房”用地审批权从镇政府上收后，很多开发商在利益的驱动下，不顾城镇规划、不履行报建手续，绕开镇属开发公司的监管，私下与农村集体经济组织协商合作开发。

四、“太和模式”异化的后遗症及治理措施

虽然广州市非正规住房的出现有着一定的积极意义，但开发管制失控的负面影响逐渐显现，尤其是缺乏合理的整体规划及合理的收益分配体制，带来了一系列的“后遗症”。

（一）权益关系复杂，经济纠纷不断

非正规住房与城市单位集资房及商品房最大的不同在于其经济关系的复杂性。无论是“太和模式”还是村社集体主导的开发模式，土地都是以“基底面积”计价形式分别出售给不同的开发商，而开发商的资金又由不同的投资者以协议或合同的形式进行集资。在实际开发过程中，由于操作的不规范及监管不力，出现了各种各样的经济纠纷。

其一是土地征用费用的交付滞后。镇属开发公司或外来开发商在土地征用后往往没有及时把土地征用费用交付给村社集体，造成村社集体与开发商之间的经济纠纷。其二是购房者无法主张自己的权益。由于政府监管机制不完善，投资者股权变换频繁，项目出现"烂尾"时，购房者无法主张自己的权益。另外，由于购买非正规住房的外来人员不能"购房入户"，出现了大量产权纠纷问题，影响了社会的和谐发展。

（二）随意开发，城乡规划失效

非正规住房的存在使得原先编制好的城市规划中的市政配套设施和基础设施无法落实，而要保证非正规住房购买者的正常生活，又必须对该地区的规划条件进行修改，增加了周边市政配套设施和基础设施的压力。

随着城市更新、土地整备等一系列工作的开展，广州的城市发展集中在城中村的改造和二次利用上。然而，现实中大量没有经过任何规划的由村社集体及农民主导的非正规住房的存在，使得近郊及城乡接合部居住用地、商业用地及工业用地相互交织，给城市规划和土地利用规划的编制和实施产生了重大影响。

（三）政府财政收入大量流失

广州市非正规住房与区域基础设施建设有密切的关联，其建设有着明显的交通指向性。这就导致增值潜力大、商业价值高的地块被低效使用。

而非正规住房基本未办理任何的用地及报建手续，逃避相关税费，致使地方政府财政收入大量流失。如太和镇1990年至2000年建成的非正规住房正常入市，可获得将近8000万元的交易税费收入；假如这些用地于2000年全部入市，按基准地价计算，可获得的土地出让金超过4亿元（见表5-4）。

表5-4　太和镇非正规住房正常入市主要交易税费估算

项　目	建筑面积（平方米）	房屋销售价格（元/平方米）	营业税及附加（万元）	契税（万元）	交易税费合计（万元）	基准地价（元/平方米）	土地出让金（万元）
丰太小区	394991	800–1300	2281	622	2903	340	13430
珊景新村	248345	900–1500	1639	447	2086	340	8444
商贸新村	196548	700–800	811	221	1032	340	6683
龙溪新村	119466	700–800	493	134	627	340	4062
如意新村	57564	700–900	253	69	322	340	1957

续表

项　目	建筑面积（平方米）	房屋销售价格（元/平方米）	营业税及附加（万元）	契税（万元）	交易税费合计（万元）	基准地价（元/平方米）	土地出让金（万元）
碧泉新村	63697	900–1200	368	100	468	340	2166
大源山庄	82566	700–800	341	93	433	340	2807
荔苑公寓	18426	700–800	76	21	97	340	626
合　计	1181603	--	6261	1708	7969	--	40175

注：①房屋销售价格由原太和镇镇属开发公司总经理提供；②交易税费只计算主要的营业税及附加和契税；③以2000年的基准地价计算土地出让金。

（四）治理措施

针对广州市非正规住房的乱象，1997年7月，广州市政府发布了《关于处理我市非正规住房问题的决定》（穗府〔1997〕48号文）提出了治理办法。

（1）在1996年12月31日前建设的非正规住房，不符合规划和安全要求的“集资房”一律予以拆除；对影响城市规划，但尚可采取补救措施的项目，由规划部门责令其整改，以开发商为责任主体补办有关手续及补交土地出让金、税费后保留使用；对不影响城市规划的项目，由规划部门责令其限期补办有关手续及补缴土地出让金、税费后确权。

（2）凡经清理并确权的“农村集资房”，五年内一律不准解冻进入二级交易市场，五年后如要进入二级交易市场，应先按有关规定补缴税费。

（3）对1996年12月31日以后发生违法用地、违法建设的“集资房”行为应进行制止和拆除。

（4）对发生违法用地、违法建设“集资房”行为的行政责任人作出不同情况的行政处分；对参与“集资房”建设的设计单位、施工单位，取消其在广州的设计、施工资格，并不准再进入广州建筑市场。

广州市政府的文件尊重历史、严肃法纪，采用了“疏—堵”结合的方式，确实在全市层面起到了遏制非正规住房建设的效果。

第二节　土地增值利益分配格局

一、“太和模式”下的土地增值收益分配格局

“太和模式”下，在土地征用、转让过程中，镇属开发公司以 4万~6 万元/亩的

价格向村社集体购买土地使用权，并向村社集体交付占征地面积 10%~15%已办理农转非手续的征地留用地。乡镇政府进行一定的土地开发后，按基底面积计价（最初由于容积率高、建筑密度大，其地价最低为300元/m^2，后来调整规划后，普遍的地价为550—680元/m^2，最高达1200元/m^2）引进开发商（投资人）。而村社集体则将征地补偿款截留一部分后把剩余部分发放给被征地农民。因此，在此过程中，乡镇政府获取了一级市场的土地增值收益，村镇集体获取了一定数量的征地留用地（由乡镇政府办理农转非手续），农民获取了土地征用补偿，并能获取征地留用地用于经营性用途后的经济分红。在房地产开发、销售过程中，镇属开发公司根据监理公司评估的工程进度向开发商（投资人）拨付房款，竣工交付后镇属开发公司抽取总销售利润的8%，其他剩余款项全部拨付给开发商。因此，在房地产开发、销售过程中，乡镇政府获取了二级市场中小部分土地增值收益，开发商获取了二级市场中大部分土地增值收益。此外，购房者在房屋转让或出租过程中获得三级市场的土地增值收益（见图5–3）。

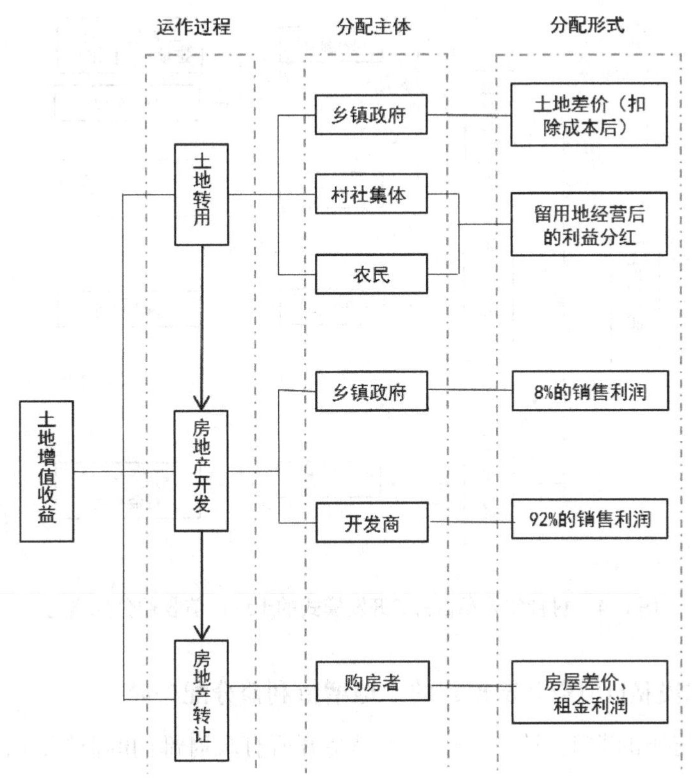

图5–3　“太和模式”下的土地增值收益分配格局

由此可见，20世纪90年代初创建的“太和模式”土地增值收益分配格局中，忽视了地方政府在土地增值中起到的作用，把地方政府完全排除在土地增值收益分配格局之外。

二、异化后的土地增值收益分配格局

（一）村社集体私自引资开发模式下的土地增值利益分配格局

村社集体主导下的非正规住房开发模式是村社集体与开发商合作，在土地使用权转让中获取比征地赔偿更高的土地收益，并在房地产开发中获取一定的物业分成；而开发商则在房地产开发中获取开发利润，从而获取土地增值收益；购房者在房屋转让中获得房屋差价或通过出租获取租赁利润（见图5-4）。因此，村社集体主导下的集资房开发模式的土地增值收益在村社集体、农民、开发商、购房者之间进行分配。

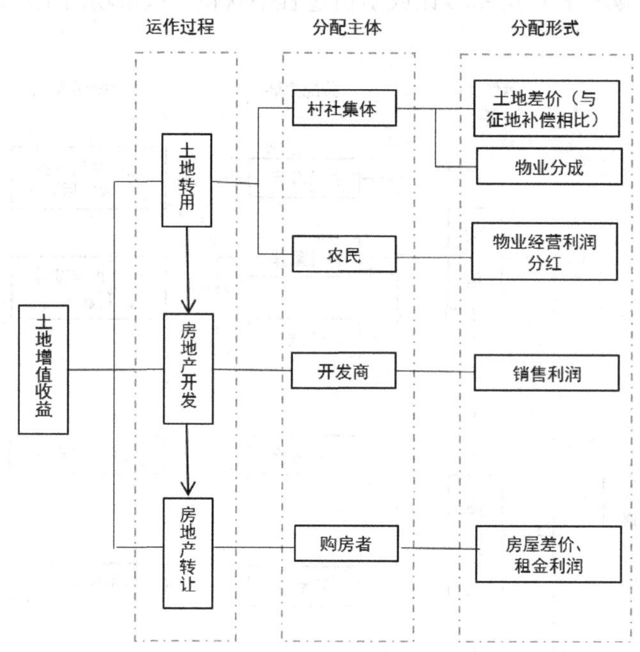

图5-4　村社集体私自引资开发模式的土地增值收益分配格局

（二）农民私自引资开发模式的土地增值利益分配格局

农民主导下的非正规住房开发，农民绕开所有政府部门的监管，私下与开发商合作进行“农村集资房”建设。农民在房地产开发中获取一定的物业分成；而开发商则在房地产开发中获取开发利润；购房者在房屋转让中获得房屋差价或通过出租获取租赁利润（见图5-5）。农民主导下的集资房开发模式的土地增值收益是在农民、开发商、购房者之间进行分配的。

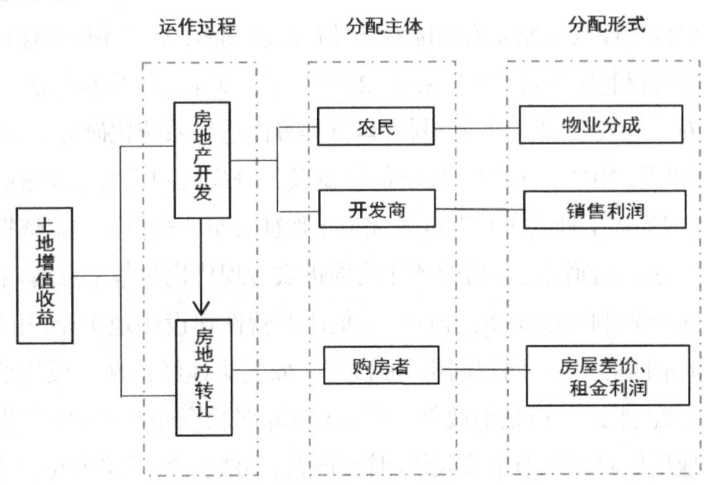

图5-5　农民主导下的集资房开发模式的土地增值收益分配格局

异化后的土地增值分配格局让农民拥有取得全部土地增值收益权，即只看到失地农民应当享有所有的农地发展权，而完全忽视了土地增值过程中的社会经济因素，进而忽视了整个社会的利益，这对大多数社会成员来说是不公平、不合理的。

第三节　基于特征价格模型的产权效应测度

综上所述，自20世纪90年代中后期以来，我国城市开发主要是以空间效益为目标的经济开发型模式。地方政府始终占据主导地位，开发商则是最主要的参与者，而其他利益方同样以各自的方式扮演着各自的重要角色。然而，这种以经济增长为主要诉求的城市发展，自一开始就处于价值资源匮乏的尴尬境地。为揭示非正规住房市场的价格机制和产权强度的影响，本书拟构建特征价格模型，探讨产权合法性缺失在非正规住房中的效应，以期为土地增值收益分配格局的构建提供依据。

一、土地增值收益分配归属研究

通过知网数据库检索发现，国内以“土地发展权”为主题进行研究始于20世纪

90年代中期。经过30年的研究，已形成大量的学术成果。在研究初期，学术界主要聚焦于农业经济领域（沈守愚，1998；陈平，1999；张安录，2000）。张安录（2000）出于保护农地目的，提出构建归土地所有者所有的土地发展权转移制度。随后，学术界从土地发展权属性及法制要素角度对其进行法理溯源，从法律层面探讨土地发展权的理论基础与权利制度机理（朱未易，2009），从行政法、民事物权法、经济法、社会法等角度对土地发展权的性质、制度运行等方面进行系统化研究（王海鸿，杜茎深，2007；杜丽霞，2011），并就土地增值收益及其分配机制进行了大量的理论及实践研究，为我国构建土地发展权制度及完善土地征收制度提供了理论依据。

无论是《关于全面深化农村改革加快推进农业现代化的若干意见》提出的“在符合规划和用途管制的前提下，允许农村集体经营性建设用地出让、租赁、入股，实行与国有土地同等入市、同权同价，加快建立农村集体经营性建设用地产权流转和增值收益分配制度”，还是财政部、原国土资源部联合印发的《农村集体经营性建设用地土地增值收益调节金征收使用管理暂行办法》，均反映出我国希望通过赋予集体土地完整权能，构建“兼顾国家、集体、个人土地增值收益分配机制”，解决“三农”问题的决心。同时，学者就土地增值“归公”、“归私”及“公私兼顾”问题进行了激烈讨论。部分学者对土地增值的成因进行分析，认为土地增值的根本原因在于城市的扩张、经济繁荣及地方政府对公共工程的投入（李肇文，1988），因此土地增值应“归公”（陈柏峰，2012）。也有学者认为，村社集体是农地所有者，拥有完整的土地收益权，土地发展权应该归村社集体所有（朱一中、曹裕，2012；刘英博，2014），土地增值收益也应该归村社集体所有（郑振源，2007）。更多学者认为，土地发展权归属村社集体，但土地增值离不开政府公共工程投资、市场需求和区位优势的转变，于是提出了几种“公私兼顾”的增值收益分配方法：①土地增值中的农地发展权收益归村社集体，地市发展权收益归地方城市，政府根据城市基准地价标准计算出“土地平均基准地价”，在此基础上扣除“五通一平”成本再加上农地社会保障价格就是村社集体获得的土地增值收益（朱一中、曹裕，2012）；②土地增值收益在以“小康市民”生产生活为标准补偿村社集体和农民后，其余部分“归公”（杨红朝，2015）；③根据土地增值收益来源，选择收益分享模式，确定各利益相关者收益分配比例（徐美银，2016）。也有部分学者基于“公私兼顾”的理念，对土地增值收益分配进行了实证研究（朱一中、曹裕，2012 ；韩冬等，2017；梁流涛等，2018；李晶维、何元斌，2022）。

现有学术成果从理论和实践两个角度研究了土地征用过程中土地增值收益的分配机制，但鲜有研究从非正规住房角度测度土地产权残缺效应。本书为解决非正规住房问题，拟分析土地产权残缺效应，为土地增值收益构建一个可行的量化分配方法。

二、产权效应测算

（一）测算方法的确定

研究表明，广州市非正规住房形成的初期，旨在解决人口增长和住房制度改革带来的供给失衡问题（甘欣悦，2020），非正规住房存在连续性的产权结构，非正规住房市场中的非正式制度所创造的权利以价格的形式被资本化（He S 等，2019）。随着城市的扩张，“半正规空间生产”的“农村集资房”以“小产权房”这种“非正规空间生产”形式不断蔓延。非正规住房成为经济上的产权没有被正式的法律制度承认和赋权的特殊存在。

国内学者认为，正是非正规住房产权方面的不确定性导致了其与正规住房在市场价格方面的差异（Niu，d.等，2021）。为探究非正规住房的产权效应，学术界多以特征价格模型为分析工具（何静等，2019；郑思齐研究团队，2021；秦波等，2022）。秦波等基于河北省秦皇岛市三个市辖区2016—2020年1000个“大产权房”“小产权房”交易数据，控制建成环境等其他因素，考察产权残缺在住房价格中的折价效应。研究结果表明，产权残缺的折价效应在理论上包括因产权不清导致交易成本升高所带来投资价值的折价，以及无法享受完整产权所保障的公共服务而导致使用价值的折价（秦波等，2022）。何深静等（2019）基于深圳市6000余条“小产权房”数据，采用Hedonic价格模型对“小产权房”房价的影响因素进行量化分析。结果显示，即使没有明确界定的产权，也可以存在“小产权房”市场。郑思齐研究团队则通过提出城市非正规住房供给弹性的计算方法，分析非正规住房供给对城市劳动力流动、工资水平和经济产出的影响。

现有文献表明，特征价格模型已经被广泛应用于非正规住房产权效应研究。特征价格模型为非正规住房产权效应的分析提供了一个有力的工具，通过量化分析，我们能够更深入地理解产权效应在非正规住房市场中的作用机制。但现有研究仍存在两个问题：首先，现有定量研究的实证分析较少，大多数研究集中于理论层面的探讨；其次，现有研究多集中于产权残缺对住房交易价格的直接影响，而忽视了其他可能的影响因素及各因素间的关系。

本书以广州市白云区作为实证案例地，收集案例地2019年12月—2021年12月成交的商品房和非正规住房项目交易均价数据，基于要素贡献理论，构建特征价格模型，探讨房地产价格构成中各特征变量的贡献度，从而揭示土地再投资过程中价值外溢的动因及其对房价的影响。

（二）被解释变量的确定

从我国土地管理制度来看，农地非农化包括三个环节：一是土地征收环节，地方政府通过支付农用地征收价格（含征地补偿及拆迁安置费）获得土地所有权。二是土地出让环节。在此阶段，地方政府投入一定的土地开发费并完成土地整理等工程后，以招标、拍卖、挂牌等方式出让土地使用权。三是开发商通过“招、拍、挂”方式获取土地使用权后，根据规划条件进行土地的追加投资，完成房地产项目开发。以熟地出让为例，土地增值收益等于房价减去土地出让金、建设开发费用及相关税费等项目后的剩余部分。而以政府出让土地使用权为目的的农地非农化过程中的土地增值收益产生于第一、第二环节，其等于土地出让金减去获得土地的成本及相关开发费用，即土地出让金扣除征地补偿、拆迁安置费、土地开发费用及相关税费等项目后的剩余部分。

由上可知，农地非农化熟地出让的土地增值收益测算涉及以下变量：土地出让金、征地补偿安置费、青苗补偿费和相关税费、土地开发费用、投资利息、投资利润等。但由于非正规土地交易市场的隐蔽性，非正规土地成交数据的获取存在相当大的难度，因此，以土地价值为被解释变量的研究较难以实现。

从实践看，作为一种派生需求，土地价格的主要影响因素有规划指标、区位、邻里、交通、市场需求等。同时，地价与房价相互传递，两者间存在显著的相关性（齐锡晶等，2022），土地市场的变化会影响住房价格；除项目开发商品牌、楼盘品质外，规划指标、区位、邻里、交通、市场需求等也会影响房价。因此，住宅价格这类特征变量对土地价格有同样的效应，探讨产权残缺在房价中的效应，各特征变量相对权重适用于分析其对土地增值收益的影响效应。因此，本书选择非正规住房的二手交易数据作为研究样本。

（三）指标选取

根据地租理论，从对土地再投资产生的价值外溢的角度来看，农地非农化过程中的土地增值主要与土地用途及强度的转变、土地追加资本的增加和土地市场的供需矛盾有关，具体表现为：①由农用地转为城市建设用地，土地用途的改变导致土地增值；②土地出让前进行土地平整，土地资本的投入和积聚导致土地价值增加；③城市基础设施、公共服务等配套设施的不断投入、投资环境的完善产生的扩散效应相应地提高了土地价值；④随着城市经济的不断发展和城市化进程的加快，城市土地成为一种稀缺资源，严重的供需矛盾使得城市土地价值上涨明显（黄俊南，2004）。

针对住宅价格主要影响因素的组成，本书借鉴已有研究成果（秦波等，2022）及研究需要，把自变量划分为六大类：产权特征因素、区位特征因素、邻里特征因素、交通特征因素、个别特征因素与市场需求特征因素。其中，产权特征因素从土地产权角度测算产权完整性对土地增值收益的贡献；区域、邻里及交通等特征因素从对土地再投资产生的价值外溢的角度测算城市基础设施和公共服务等配套设施完善的扩散效应对土地增值收益的贡献；个别特征因素中的土地规划指标体现土地用途、强度的改变对土地增值的贡献；市场需求特征因素体现城市经济发展及房地产供需矛盾对土地增值的贡献。

第一类是产权特征因素（X_0），主要考察产权完整性对住宅价格的影响效应。预期符号为正，完全产权的房地产项目均价更高。产权特征因素是本书的核心解释变量。

第二类是区位特征变量，主要选取镇区中心影响度（X_1）和行政区中心影响度（X_2）作为考察变量，考察项目受所在镇区、行政区中心辐射的程度。预期符号为负，也就是越接近镇区及行政区中心的房地产项目均价越高。

第三类是邻里特征因素，主要反映项目周围基础设施的完善程度及商服繁华程度。本书主要选取教育、医疗等配套设施，环境及特殊资源，商服繁华程度等变量指标。通过到最近的小学距离（X_3）及到最近的医院的距离（X_4）衡量项目周边基础设施的配套情况，通过到大型景观、公园、大学等的距离（X_5）衡量项目周边环境及特殊资源的情况，通过到最近的购物中心的距离衡量项目周边商服繁华程度（X_6）。邻里特征因素对地块价格有正向影响，越接近基础设施，项目地块价格越高，其待估系数预测为负。

第四类是交通特征因素，主要通过轨道交通接驳状况（X_7）及公交车线路数

（X_8）等指标考察项目到城市内部的便利性。交通特征因素对地块价格有正向的影响，越接近轨道交通站点的项目价格越高，其待估系数预测为负；项目500米范围内的公交车线路越多，意味公交系统越便利，其待估系数预测为正。

第五类是个别特征因素，指项目本身的条件和特征，因而又称宗地因素。在个别特征方面，本书采用容积率（X_9）、绿化率（X_{10}）、电梯配套（X_{11}）、项目规模（X_{12}）、楼龄（X_{13}）作为考察指标。其中，楼龄越小意味小区成新度越高，其待估系数预测为负；容积率、绿化率、电梯配套、项目规模待估系数预测为正。

第六类是市场需求特征因素，本书选取GDP增长率（X_{14}）、住宅销售投资比（X_{15}）等指标来衡量区域房地产需求情况，从而体现城市经济发展及房地产供需矛盾对土地增值的影响。其中，GDP增长率作为城市经济实力因素，主要考察区域经济发展对项目价格的影响，待估系数预测为正；房地产市场的市场热度是决定房价变化的关键要素之一，住宅销售投资比反映市场热度，住宅销售投资比越大，意味着市场热度越高，其待估系数预测为正（见表5-5）。

表5-5　变量指标描述

变量类型	被考察变量	代表符号	指标含义
被解释变量	住宅交易均价	Y	二手普通住宅项目交易均价（元/平方米）
产权特征因素	产权完整性	X_0	产权完整取10，不完整取5
区位特征因素	镇区中心影响度	X_1	项目到所在镇街政务服务中心的距离（米）
	行政区中心影响度	X_2	项目到所在区政务服务中心的距离（米）
邻里特征因素	教育配套状况	X_3	项目到最近的小学的距离（米）
	医疗配套状况	X_4	项目到最近的医院（含社区医院）的距离（米）
	环境及特殊资源	X_5	项目到大型景观、特殊资源（包括公园、湖泊、山丘、旅游风景区及大学等）的距离（米）
	商服繁华程度	X_6	项目到最近的购物中心的距离（米）
交通特征因素	轨道交通接驳状况	X_7	项目到最近的地铁站的距离（米）
	公交车线路数	X_8	地块周边0.5千米范围内的公交车线路实测数（条）

续表

变量类型	被考察变量	代表符号	指标含义
个别特征因素	容积率	X_9	小区容积率（%）
	绿化率	X_{10}	小区绿化率（%）
	电梯配套	X_{11}	有电梯10，无电梯5
	项目规模	X_{12}	项目户数（户）
	楼龄	X_{13}	楼龄=销售年份-建成年份
市场需求特征因素	GDP增长率	X_{14}	同比增长率（%，区级数据）
	住宅销售投资比	X_{15}	住宅销售投资比=当年住宅实际销售金额/当年住宅完成投资金额（%，区级数据）

（四）样本选择与数据处理

在选择研究样本项目时，本书主要考虑以下三点：①非正规住房市场形成时间较早并具有代表性，非正规住房建设为所在区域带来较深远的影响；②样本所在区域的社会、经济发展良好，周边发生了较大量的非正规住房交易行为。已有数据表明，白云区非正规住房市场较大，周边非正规住房交易频发且区域房地产市场日益成熟。鉴于此，本书选择2019年12月、2020年12月及2021年12月白云区松洲街道、黄石街道、永平街道、嘉禾街道、石井街道、鹤龙街道、龙归镇、大源街道和人和镇、太和镇、钟落潭镇、江高镇在安居客网上挂牌出售的122个二手普通住宅项目作为研究样本。其中，非正规住房项目59个，商品房项目63个。

本书拟选取样本项目交易均价作为被解释变量，122个研究对象的价格数据、个别特征因素资料等来源于安居客网站，市场需求特征因素数据来自2019—2021年白云区统计年鉴。确定研究样本后，利用Google Earth查询、分析各地块的空间特征。其中，距离实测值均为直线距离。样本描述性统计如表5-6所示。

表5-6 样本描述性统计

变 量	N	最小值	最大值	均值	标准偏差
Y	122	7254.00	53265.00	20649.6557	11423.59426
X_0	122	5.00	10.00	7.5820	2.50896
X_1	122	10.00	8000.00	1909.6230	1509.54278
X_2	122	404.00	28100.00	11091.8689	5375.62663
X_3	122	47.00	2200.00	551.1803	429.57226

续表

变　量	N	最小值	最大值	均值	标准偏差
X_4	122	50.00	5800.00	1013.2705	965.08112
X_5	122	10.00	8600.00	1237.6066	1525.99509
X_6	122	30.00	2900.00	635.2705	586.01384
X_7	122	80.00	6800.00	1104.0656	1372.19931
X_8	122	1.00	42.00	10.6148	9.17907
X_9	122	0.48	3.85	1.6834	0.74131
X_{10}	122	0.10	0.50	0.2244	0.12742
X_{11}	122	5.00	10.00	7.7869	2.49373
X_{12}	122	25.00	5354.00	756.6885	1135.75126
X_{13}	122	0.00	27.00	14.5164	7.32395
X_{14}	122	0.20	8.10	4.9975	3.81899
X_{15}	122	1.10	1.60	1.1910	0.12531

（五）数理分析与实证结果

1. 特征变量相关性分析

利用SPSS26.0软件，进行Pearson相关性分析，即选择的16个自变量全部进入相关性分析模型，选取二手普通住宅项目交易均价作为因变量，分析16个自变量与其相关性（见表5–7）。

表5–7　因变量与自变量的Pearson相关性分析结果

因变量Y		
自变量	Pearson相关性	Sig.（双尾）
X_0	0.847**	0.000
X_1	–0.248**	0.006
X_2	–0.123	0.178
X_3	0.225*	0.013
X_4	0.352**	0.000
X_5	–0.083	0.363
X_6	0.189*	0.037
X_7	0.160*	0.079
X_8	–0.164*	0.072
X_9	0.429**	0.000
X_{10}	0.708**	0.000
X_{11}	0.426**	0.000
X_{12}	0.532**	0.000

续表

因变量Y		
自变量	Pearson相关性	Sig.(双尾)
X_{13}	−0.292**	0.001
X_{14}	0.089	0.331
X_{15}	0.164*	0.071

注：* 表示p<0.08， ** 表示p<0.01。

在p取值为0.08时，与二手住宅项目交易均价有较为显著相关的变量有产权完整性（X_0）、镇区中心影响度（X_1）、教育设施配套（X_3）、医疗配套设施（X_4）、商服繁华程度（X_6）、轨道交通接驳状况（X_7）、公交车线路数（X_8）、容积率（X_9）、绿化率（X_{10}）、电梯配套（X_{11}）、项目规模（X_{12}）、楼龄（X_{13}）及住宅销售投资比（X_{15}），可进行下一步的回归分析。

2. 回归分析与结果

由于自变量中可能存在共线性，本书对被解释变量——二手普通住宅项目交易均价Y作为因变量及所选取的特征变量采用后退法进行回归分析，如果剔除的变量所代表的指标使研究结果失去意义，则对变量进行保留，并重新计算剩余变量的统计特性。当Sig.取值小于 0.08时，采用后退法回归后进入模型的指标有：产权完整性（X_0）、镇区中心影响度（X_1）、行政区中心影响度（X_2）、医疗设施配套（X_4）、公交车线路数（X_8）、容积率（X_9）、绿化率（X_{10}）及楼龄（X_{13}）。为使六大特征因素均有变量进入模型，本书对教育设施配套（X_3）、轨道交通接驳状况（X_7）、GDP增长率（X_{14}）及住宅销售投资比（X_{15}）等变量进行保留，并同时进行共线性诊断和F检验。

在结果分析中，R^2是回归方程的决定系数，其值越大，回归方程的拟合度越高。本书的调整R^2为0.821，大于0.8，说明回归模型较优（见表5-8）。

表5-8 回归分析表

模 型	R	R^2	调整R^2	标准估计的误差	Sig.
1	0.916[a]	0.839	0.821	4826.73993	0.000
预测变量：（常量），X_0，X_1，X_2，X_3，X_4，X_7，X_8，X_9，X_{10}，X_{13}，X_{14}，X_{15}					

对模型进行F检验时发现模型通过F检验（F=41.958，p=0.000<0.05），也即说明自变量中至少一项会对Y产生影响关系。另外，针对模型的多重共线性进行检验发现，模型中VIF值均小于5，意味着不存在共线性问题，并且D-W值为1.233，在数字2附近，因而说明模型不存在自相关性，样本数据之间并没有关联关系，模型较好（见表5-9）。

表5-9　特征价格回归模型系数表

模　型	非标准化系数		标准化系数	t	p	VIF
	B	标准误差	Beta			
（常量）	9445.923	6021.968	—	1.569	0.120	—
X_0	2693.601	301.368	0.592	8.938	0.000	2.683
X_1	−0.817	0.339	−0.108	−2.409	0.018	1.231
X_2	−0.519	0.096	−0.244	−5.387	0.000	1.260
X_3	−159.575	166.395	−0.043	−0.959	0.340	1.230
X_4	−348.851	200.962	−0.084	−1.736	0.085	1.449
X_7	98.761	182.851	0.028	0.540	0.590	1.700
X_8	79.243	63.317	0.064	1.252	0.213	1.585
X_9	1974.568	772.241	0.128	2.557	0.012	1.538
X_{10}	18228.955	5945.568	0.203	3.066	0.003	2.694
X_{13}	−259.327	90.211	−0.166	−2.875	0.005	2.049
X_{14}	151.044	145.039	0.050	1.041	0.300	1.440
X_{15}	−4406.481	4618.655	−0.048	−0.954	0.342	1.572
R^2	0.839					
调整R^2	0.821					
F	F（12，109）=41.958，p=0.000					
D-W值	1.233					
因变量：Y						
* p<0.08 ** p<0.01						

从产权变量看，X_0回归系数为正，符合预期，意味着完全产权的房地产项目均价更高。

从区位变量来看，X_1代表项目位置到镇区中心距离，X_2代表项目位置到行政中心距离，两者回归系数均为负，与预期相符合，意味着距离镇区及行政中心越近，越能接收镇区、行政区中心辐射，普通住宅价格越高。

邻里特征变量中的教育设施配套（X_3）、医疗配套设施（X_4）回归系数为负，与预期相符，与普通住宅价格呈负相关关系。

交通特征的轨道交通接驳状况变量（X_7）回归系数为正，与预期不符。究其原

因是：由于非正规住房项目自身配套的不完善，其发展必须依赖周边生活设施及服务配套。在中远郊及远郊，非正规住房散落在镇区及镇区周边，主要依托镇区较为完善的设施配套与服务配套进行规模化建设，并形成了以镇区为中心的规模较大的非正规住房集聚区，从而挤压了正规房地产的建设空间，正规房地产开发项目大多数位于镇区较远区域，远离轨道交通。但随着大型房地产项目的建成入驻，项目周边公交系统逐渐完善，公交线路增加，弥补了轨道交通的不足，公交车线路数变量（X_8）回归系数为正，与预期相符。

从项目自身状况来看，个别特征变量系数均符合预期。对于普通住宅项目来说，容积率（X_9）越高，楼宇电梯配有率越高，房价越高；绿化率（X_{10}）越高，意味着楼盘品质越优，房价越高；楼龄（X_{13}）越新，房价越高。

从市场需求特征看，GDP增长率变量（X_{14}）的回归系数为正，意味着市场需求特征因素正向影响二手普通住宅项目均价。虽然住宅销售投资比变量（X_{15}）与自变量Y在相关性分析中为正相关，但由于疫情影响，房地产市场出现异常波动，在进入模型的其他变量作用下，住宅销售投资比变量（X_{15}）回归系数为负。

（六）特征变量效应分析

从表6-9可以看出，非标准回归系数在回归方程中表示自变量X对因变量土地价值Y影响大小的参数，正回归系数表示Y 随X增大而增大，负回归系数表示Y随X增大而减小。但由于模型中各变量的单位不一样，因此非标准回归系数无法直接反映因子对Y的影响程度。而标准回归系数是对因变量和自变量进行标准化后的回归系数，其绝对值的大小直接反映了X_i对Y的影响程度。通常，标准化回归系数的绝对值越大，可认为它对因变量的影响就越大。

综上，本书根据农地非农化土地增值收益来源，选出与其相关的影响因素：产权完整性（X_0）、镇区中心影响度（X_1）、行政区中心影响度（X_2）、教育设施配套状况（X_3）、医疗配套状况（X_4）、轨道交通接驳状况（X_7）、公交车线路数（X_8）、容积率（X_9）、绿化率（X_{10}）、GDP增长率变量（X_{14}）及住宅销售投资比变量（X_{15}）等，并通过以下步骤计算求出各因素的相对重要权重。

（1）计算各变量标准回归系数绝对值。

$$A_i=|B_i|$$

其中，A_i为各变量标准回归系数绝对值，B_i为各变量标准回归系数。

（2）计算标准回归系数绝对值之和。

$$A=\sum A_i$$

其中，A为各变量标准回归系数绝对值之和，A_i为各变量标准回归系数绝对值。

（3）计算各变量相对重要权重。

$$W_i=\frac{A_i}{A}$$

从表5-10、表5-11可以看出，产权特征因素在六个特征因素中占用的比重最大，为37%。由此可见，产权完整性的差异是正规住房与非正规住房价格差异的重要原因。而非正规住房正由于产权无法合理实现而导致产权的不完整。

表5-10　各变量相对重要权重表

变量类型	被考察变量	代表符号	指标效应	变量相对重要权重（w）
产权特征因素	产权完整性	X_0	0.592	0.37
区位特征因素	镇区中心影响度	X_1	−0.108	0.07
	行政区中心影响度	X_2	−0.244	0.15
邻里特征因素	教育设施配套状况	X_3	−0.043	0.03
	医疗配套状况	X_4	−0.084	0.05
交通特征因素	轨道交通接驳状况	X_7	0.028	0.02
	公交车线路数	X_8	0.064	0.04
个别特征因素	容积率	X_9	0.128	0.08
	绿化率	X_{10}	0.203	0.13
市场需求特征因素	GDP增长率	X_{14}	0.050	0.03
	住宅销售投资比	X_{15}	−0.048	0.03
合计				1.00

表5-11　各特征因素相对重要权重表

变量类型	被考察变量	代表符号	指标效应	特征因素 相对重要权重（w）
产权特征因素	产权完整性	X_0	0.592	0.37
区位特征因素	镇区中心影响度	X_1	−0.108	0.22
	行政区中心影响度	X_2	−0.244	
邻里特征因素	教育设施配套状况	X_3	−0.043	0.08
	医疗配套状况	X_4	−0.084	
交通特征因素	轨道交通接驳状况	X_7	0.028	0.06
	公交车线路数	X_8	0.064	

续表

变量类型	被考察变量	代表符号	指标效应	特征因素相对重要权重（w）
个别特征因素	容积率	X_9	0.128	0.21
	绿化率	X_{10}	0.203	
市场需求特征因素	GDP增长率	X_{14}	0.050	0.06
	住宅销售投资比	X_{15}	-0.048	
总计				1.00

非正规住房由于建设之初没有合法办理农用地转用审批手续，游离在地方政府的管制之外，因此产权合法性缺失。根据测算结果，产权特征因素中所占权重为37%，区位特征因素、邻里特征因素、交通特征因素、个别特征因素及市场需求特征因素所占权重之和为63%（见表5-12）。

表5-12　各特征因素占土地增值收益分配比例表

变量类型	被考察变量	代表符号	土地增值分配比例
产权特征因素	产权完整性	X_0	37%
区位特征因素	镇区中心影响度	X_1	63%
	行政区中心影响度	X_2	
邻里特征因素	教育设施配套状况	X_3	
	医疗配套状况	X_4	
交通特征因素	轨道交通接驳状况	X_7	
	公交车线路数	X_8	
个别特征因素	容积率	X_9	
	绿化率	X_{10}	
市场需求特征因素	GDP增长率	X_{14}	
	住宅销售投资比	X_{15}	

综上，在城镇化过程中，在资本、劳动力等要素需求转变的背景下，地方政府通过制度变迁形成新的正式与非正式的制度安排，实现了对土地发展权形式与配置格局的动态调整。值得注意的是，地方政府并不总是占据主导性地位，除正式的制度安排外，也会默许与引导部分非正式的制度安排。20世纪90年代初，一些地方政府就是在“默许”“农村集资房”的发展，以分享土地增值收益。制度和政策的变化，

影响和决定着土地增值收益分配中各利益主体的行为选择方向。而制定完善的制度，平衡地方政府的土地财政和村集体（农民）的土地发展权，是解决非正规住房问题的关键。这一制度框架应包括建立一个公正且高效的土地增值收益分配机制。而要实现合理的土地增值收益分配，就必须以确定合理的分配比例为基础。

第四节　非正规住房的解决方案

在坚决治理非正规住房增量问题的同时，对符合一定条件尤其是复杂历史原因形成的存量非正规住房进行治理。

本书认为不同类型的存量非正规住房可作不同处理。

（1）对于为满足基本居住需要而购买的、符合土地利用总体规划，并且修建质量良好、配套完善或后期有条件完善配套的非正规住房小区，在开发单位向国家补缴土地出让金及相关税费后，政府将集体土地转变为国有房地产开发用地，并颁发合法的产权证书，允许其在二级市场上合法交易；若开发单位已无法续存，则可由政府牵头组织有关机构对非正规住房进行评估，合理评估房屋的价格，计算需补缴的土地出让金及相关税费，由购房者以个人身份补缴后，允许其在二级市场上合法交易。

（2）对于符合条件的尚未销售的非正规住房，可由政府牵头组织有关机构对其进行评估，合理确定房屋的销售价格，按经济适用住房回购方式进行回购，然后作为福利房出售给购房者，或作为廉租住房出租给低收入者，以增加政府保障性住房房源供给。

（3）符合条件的村民宅基地房屋经过确权后进行面积冻结，通过“三旧”改造得到复建安置或补偿。

（4）对于非村民房屋，属于一栋一证房屋的，在“三旧”改造过程中可按证载建筑面积给予安置补偿，并规定安置补偿不得大于现状建筑面积；属于一栋多证房屋的，以单个证载建筑面积给予安置补偿，并规定最大补偿面积。

（5）对于非村民无证房屋，在“三旧”改造过程中可按现状首层的面积给予1∶1复建安置或补偿，并规定最大补偿面积。

（6）对于违反土地利用总体规划，占用基本农田建设的非正规住房，政府应一律拆除，责成建设单位退还购房人的购房款，并追究相关人员责任。

第五节　本章小结

在土地产权方面，应该考虑农民的土地发展权，建立公平、效率的土地增值分享机制，允许被征地农民分享部分土地增值收益。同时，为保证18亿亩耕地红线，在土地管制方面，政府应遵守“规划先行”原则，严格按照城乡规划法要求乡镇村依照土地利用总体规划编制其行政区域内的土地利用规划，并严格按规划执行；对于城乡规划的编制与执行应做到公开、透明，让相关利益者参与规划的编制与执行过程。同时，政府应建立有效的奖励机制，鼓励乡镇政府积极完成相关区域的城乡规划工作。

第六章　结论与讨论

第一节　主要结论

“农村集资房”作为一种非正规住房开发形式，是改革开放初期在缺乏城镇建设资金的背景下，“摸着石头过河”的一种尝试。本书试图结合空间分析方法和数理分析模型，以广州市白云区为例，对其20世纪90年代“农村集资房”项目空间分布特征进行梳理，并根据区域发展特征，通过构建数理分析模型，揭示“农村集资房”发展过程的社会经济影响因素。在此基础上，通过分析利益相关者的利益诉求变化及各主体的行为选择，认识“农村集资房”的形成、发展和变异的演变机制，以寻求非正规住房解决方案。通过对以上内容进行系统分析后得出以下结论。

第一，在20世纪90年代制度不断完善、不断创新的情况下，在小城镇发展资金压力下，“农村集资房”建设快速发展。由于缺乏有效的管理机制，这种靠自发的诱致性制度变迁成为小城镇建设的试错标志之一。随着国家对农村集体土地的审批和监察力度的加强，当地乡镇政府退出了“农村集资房”这个非正规住房市场。而在巨大的经济激励下，“自下而上”的“农村集资房”，也就是被称为“小产权房”的非正规住房开发屡禁不止。

第二，广州市非正规住房项目空间分布的影响因素较为复杂，在不同区域，各影响因素的耦合关系及主导因素不尽相同，项目空间分布也表现出不同的特征，从而使非正规住房项目空间分布具有明显的区域性。本书通过GIS的空间分析功能，从区位、交通可达性及集聚程度三个方面对研究区域的非正规住房项目空间分布情况进行了定量分析。结果表明：①广州市非正规住房项目空间分布具有明显的区域差异性。项目建设规模总体上以竹料镇、良田镇为核心，以G105国道为轴线，呈马蹄状向城区逐级递减，在龙归镇、太和镇形成了非正规住房项目规模的次高峰。而老城区的景泰街、三元里街的项目建设规模较小，较多为单体楼项目。②广州市白云区非正规住房项目空间分布具有明显的交通指向性。随着道路缓冲半径的增加，项目所占比例也逐渐减小。③广州市白云区非正规住房空间分布具有明显的聚集性，但城区、城乡接合部与中远郊区、远郊的聚集指数存在差别。在城区，非正规住房项目主要以区政府为中心，空间分布呈均质性；在城乡接合部，其空间分布虽然呈聚集的效果，但已有分散分布的趋势；在镇域，项目主要以镇区为中心，以主干道为轴线，呈“大分散，小聚集”分布。

第三，非正规住房开发不单只是一个空间演进的过程，还是一个政策变迁的过程。通过SPSS数理分析，选取政策因素、区位因素、社会因素及经济因素等影响因素进行定量分析。结果表明：①政策因素、区位因素、交通可达性及经济因素是影响各镇街非正规住房建设规模总量的重要因素。②政策因素的变量对镇街内非正规住房建设规模总量的影响程度较大。区位因素的变量对镇街内非正规住房建设规模总量的影响程度较政策因素次之，越远离区行政中心，镇街内非正规住房建设规模总量越大。交通可达性是非正规住房项目选址时考虑的重要因素之一，离主干道越远，交通可达性越差，非正规住房用地建设规模总量越小。经济因素的变量对镇街内非正规住房建设规模总量的影响较大，与政策影响因素相反，农村居民人均收入水平高的镇街，非正规住房建设规模总量较小，而农村居民人均收入水平较低的镇街，非正规住房建设规模总量较大。

第四，本书通过特征价格模型的构建，测算出产权完整性因素比重为37%，其他有关区域中心影响、基础设施配套、项目规划条件等的特征因素所占比重为63%。从已有实证结果看，不同地区测算的土地增值收益分配比例不尽相同，在合理的数值范围内（35%~50%），具体数值可由地方政府与村社集体（农民）协商确定。以此作为依据构建土地增值收益分配格局将有助于非正规住房增量市场问题的解决。

对于符合一定条件尤其是因复杂历史原因形成的存量非正规住房治理，地方政府可以考虑以补缴土地出让金及相关税费等形式将其权利束中残缺部分予以补齐，或转变为经济适用房。在条件成熟的情况下，也可通过“三旧”改造解决历史遗留问题，从而一定程度上化解产权残缺带来的负外部性与“拆违”带来的社会成本和资源浪费。

第二节　主要创新点与研究不足

一、主要创新点

（1）辨析了“农村集资房”与“小产权房”内涵，发现“农村集资房”与“小产权房”的异同。

（2）以广州市白云区为案例地，构建指标体系，从数理分析及空间解析角度对非正规住房时空演进特征及影响因素进行梳理，深化和扩展非正规住房相关理论研究。

（3）利用特征价格模型探讨非正规住房交易价格构成中各特征变量的贡献度，从而揭示土地再投资过程中价值外溢的动因，从定量角度度量土地产权对土地的增值效应，并从数理分析角度构建土地增值分配体系，提出将非正规住房正规化的策略，以优化土地市场管理和城市规划。

二、不足与展望

（1）由于“农村集资房”市场的隐蔽性及非正规性，非正规住房项目土地成交数据的获取存在相当大的难度，因此本书转而选择非正规住房的二手交易数据作为研究样本。

（2）在广州市“农村集资房”市场研究中，选取较为典型的白云区作为案例点进行实证分析，虽然其数据具有代表性，但也不免存在片面性。由于“农村集资房”供给模式的多样性，各个区域利益相关者的利益诉求仍存在一定的差异，使得“农村集资房”开发模式及特征均有所不同，有待今后进一步分析研究。

（3）比较“农村集资房”市场与商品房市场的发展曲线得出初步结论：在1998年以前，“农村集资房”市场与商品房市场有着相近的走势。那么，两者间到底存在着怎样的竞争关系？非正规住房的转正是否对商品房市场产生巨大的冲击？这些都值得以后进一步研究。

附录　非正规住房市场调查问卷

亲爱的白云区居民:

您在这里成家立业,集资房问题的解决关乎您和家人的福祉!为了在更好地解决集资房问题的同时能够充分体现广大市民的意愿,请您珍惜这个表达意见的机会!谢谢合作!

一、您的基本情况

1.您居住的小区是______________

2.您的性别:①男　②女

3.您的年龄:①青年　②中年　③老年

4.您的职业:①政府公务员/军人　②事业单位职工　③私营企业主/个体户　④企业单位职工　⑤工厂工人　⑥农民　⑦下岗/待业人员　⑧离退休人员

5.您的文化程度:①小学或以下　②初中　③高中　④大专　⑤本科或以上

6.您家庭的每月收入:①1500元以下　②1501~2000元　③2001~5000元　④5001~8000元　⑤8001元以上

7.您的工作地点:①小区内　②小区周边　③白云区其他地区　④广州市区　⑤其他

8.您是:①本市市民　②本省外来人员　③外省外来人员　④本村村民　⑤本市其他村民

二、您的居住状况

1.您的住房是:①购买　②租住　③其他

2.什么时候购买(租赁)的:　　　年　　月

3.您家搬入本区域的时间:①原住民　②1980—1989年　③1990—1999年　④2000年以后

4.您家的同住人数：①单身　②两人　③三人　④四人　⑤五人及以上

5.您的原居住地：①本村　②白云区其他区域　③广州市　④广东省　⑤外省

6.您家住房的建筑面积是：①90平方米以下　②90—125平方米　③126—144平方米　④145—200平方米　⑤200平方米以上

7.您选择在此置业的原因：（可多选）

①价格合理　②交通便利　③住房面积适中，建筑结构合理　④生活配套设施完备　⑤小区环境优美，管理和服务好　⑥楼盘声誉好　⑦与亲戚、朋友距离近　⑧周围学校好　⑨靠近工作单位　⑩其他

8.您的住房用途：①自己日常居住　②出租　③其他___

9.您在小区中主要交往的人群：①亲戚　②同事　③同乡　④其他住户　⑤保安　⑥保姆　⑦子女或者父母的朋友

10.您入住之后遇到的问题：①房屋的质量问题　②物业管理与期望不一致　③小区配套设施跟不上　④其他___

三、居住环境情况

1.您觉得集资房最需解决的问题：①无合法产权证　②房屋质量存在许多问题　③小区物业管理不到位　④周围治安差　⑤小区生活配套设施要改善　⑥其他

2.您认为当前本区域最突出的发展问题是（限选三项）：

①缺少合适的就业岗位　②缺乏城市级公共服务设施　③缺少城市级公园及游憩场所　④路网不畅，对外交通不便　⑤体育设施不完善　⑥村庄与城市发展不协调

3.您认为你们小区的入住率：①高（超过90%）　②中等（超过70%）　③不高（不超过60%）

4.您对现住房及其周围环境的评价：①很满意　②满意　③一般　④不满意

四、产权情况（如果是业主请回答1-8题）

1.您的住房来源：①购买　②赠与　③单位分配　④自己建设　⑤村集体分配　⑥其他情况

2.您是：①一手业主　②二手业主　③多手业主　④其他情况

3.购房单价：①1000~1500元/m²　②1500~2000元/m²　③2000~2500元/m²　④2500~3000元/m²　⑤3000元/m²以上

4.购房时拿到的凭证：①房产证与土地使用证　②房产证　③与村签的合同　④与村民签的合同　⑤与开发商签的合同　⑥与一手业主签订的合同　⑦没有任何

凭证　⑧其他情况

5.房屋的产权证明：①集体房屋产权证　②宅基地证　③国有产权证　④其他

6.您在购房过程中遇到过的问题：（多选）①房屋质量问题　②合同不规范　③住宅与样板房或图纸不符　④装修质量问题　⑤延迟交楼　⑥小区配套设施与承诺不符　⑦证件办理与承诺不符　⑧其他

7.您愿意花费一定的费用把集资房转为商品房吗？

①愿意　②不愿意（不愿意的原因？）

8.您愿意花费多少成本把集资房转为商品房？

①500~600元/m^2　②700~900元/m^2　③1000~1200元/m^2　④ 1200元/m^2以上

（如果是租客回答以下问题）

您愿意购买这里的集资房吗？

①愿意　② 不愿意

五、您的生活方式

请在合适的位置打“√”。

生活方式	小区内	小区周边	广州市区	其　他
购买日常用品的地点				
购买大宗商品的地点				
理发等日常服务的地点				
参看文化艺术活动的地点				
一般娱乐休闲活动的地点				
一般体育活动的地点				
平常看病就医的地点				
您的孩子上学的地点				

六、居住地服务设施的满意度

1.小区生活配套设施状况

①良好　②一般　③较差

2.最需要的生活配套设施（前三位）

①教育设施　②文化健身设施　③医疗卫生设施　④公共安全　⑤商业市场　⑥市政公用设施　⑦道路交通设施　⑧其他

参考文献

一、中文文献

[1] [德]柯武刚, 史曼飞. 制度经济学: 社会秩序与公共政策[M]. 北京: 商务印书馆, 1999.

[2] [美]巴泽尔. 产权的经济分析[M]. 费方域, 段毅才, 译. 上海: 上海三联书店, 上海人民出版社, 1997.

[3] [美]布坎南. 赤字中的民主[M]. 北京: 北京经济学院出版社, 1998.

[4] [美]布坎南. 寻求租金与寻求利润[M]//《经济社会体制比较》编辑部. 腐败: 权力与金钱的交换. 北京: 中国经济出版社, 1993.

[5] 保罗·A. 萨缪尔森, 威廉·D. 诺德豪斯. 经济学[M]. 北京: 中国发展出版社, 1992.

[6] 蔡继明. 我国土地制度改革的顶层和系统设计[J]. 经济纵横, 2013,（07）: 18–21.

[7] 蔡继明. 小产权房的制度根源及治理方略[J]. 理论前沿, 2009,（22）: 25–28.

[8] 操小娟. “小产权房”的法律问题及相关制度的完善[J]. 华中科技大学学报（社会科学版）, 2008,（06）: 24–29.

[9] 陈柏峰. 土地发展权的理论基础与制度前景[J]. 法学研究, 2012, 34（04）: 99–114.

[10] 程浩. 小产权房市场规制的宪政分析[J]. 深圳大学学报（人文社会科学版）, 2013, 30（05）: 87–92.

[11] 董再平. 地方政府“土地财政”的现状、成因和治理[J]. 理论导刊, 2008,（12）: 13–15.

[12] 杜丽霞. 土地征收中的社会发展与农民发展——以土地发展权为视角[J]. 河北大学学报（哲学社会科学版）, 2011, 36（05）: 142–148.

[13] 方中权. 广州市白云区的发展与空间控制研究[J]. 地理科学, 2005,（02）: 155-160.

[14] 冯小燕. 基于弹性规划的土地利用结构优化研究——以广州市白云区为例[J]. 资源与产业, 2007,（05）: 69-72.

[15] 傅成刚. 城郊结合部“小产权房”现实矛盾及化解办法探讨[J]. 经济研究导刊, 2010,（19）: 99-100.

[16] 辜胜阻, 李正友. 中国自下而上城镇化的制度分析[J]. 中国社会科学, 1998,（02）: 60-70.

[17] 谷荣, 顾朝林. 城市化公共政策分析[J]. 城市规划, 2006,（09）: 48-51.

[18] 关世勋. 城市化进程中农村张力机制及其策略选择研究[D]. 哈尔滨工业大学, 2009.

[19] 韩冬, 韩立达, 何理, 等. 基于土地发展权和合作博弈的农村土地增值收益量化分配比例研究——来自川渝地区的样本分析[J]. 中国土地科学, 2017, 31（11）: 62-72.

[20] 何. 皮特. 谁是中国土地的拥有者——制度变迁、产权和社会冲突[M]. 北京: 社会科学文献出版社, 2008.

[21] 黄俊南. 城市土地增值及其收益分配研究[D]. 西安建筑科技大学, 2004.

[22] 黄小虎. 当前土地问题的深层次原因[J]. 中国税务, 2007,（02）: 46-47.

[23] 黄泽勇. 对小产权房屋的思考与研究[J]. 贵州警官职业学院学报, 2008,（03）: 82-86.

[24] 姜之易. 小产权房的福利经济学分析[J]. 中国冶金教育, 2012,（05）: 82-87.

[25] 李晶维, 何元斌. 城中村改造的土地发展权价值评估研究——以金刀营城中村改造为例[J]. 中国资产评估, 2022,（11）: 44-51+67.

[26] 李军杰, 钟君. 中国地方政府经济行为分析——基于公共选择视角[J]. 中国工业经济, 2004,（04）: 27-34.

[27] 李长健, 屈怡, 曹俊. 基于农民权益保护视野下的“小产权”房的法律问题研究[J]. 桂海论丛, 2008,（04）: 95-97.

[28] 李长健, 阮晓毅, 张磊. 和谐语境下农村小产权房规制问题研究——以民生利益为探究视角[J]. 中国农业大学学报（社会科学版）, 2008,（02）: 163-169.

[29] 李肇文. 城市土地增值初探[J]. 中南财经大学学报, 1988, (05): 75–80.
[30] 梁流涛, 李俊岭, 陈常优, 等. 农地非农化中土地增值收益及合理分配比例测算: 理论方法与实证——基于土地发展权和要素贡献理论的视角[J]. 干旱区资源与环境, 2018, 32(03): 44–49.
[31] 刘江涛, 张波. 小产权房的影响、产生根源与整治对策初探[J]. 中国房地产金融, 2008, (03): 20–24.
[32] 刘英博. 集体土地增值收益权归属的分析与重构[J]. 东北师大学报(哲学社会科学版), 2014, (03): 43–46.
[33] 卢道典, 黄金川, 王俊. 广州小城镇发展的现状、问题及对策研究[J]. 现代城市研究, 2011, 26(11): 57–63.
[34] 马晓亚, 袁奇峰, 赵静. 广州保障性住区的社会空间特征[J]. 地理研究, 2012, 31(11): 2080–2093.
[35] 么贵鹏, 张广文. 农村小产权住宅带来的问题及解决对策[J]. 农村经济, 2007, (08): 35–37.
[36] 齐锡晶, 陈浩然, 修梦君. 沈阳商品住房价格与土地价格的耦合协调性研究[J]. 建筑经济, 2022, 43(S2): 423–428.
[37] 秦波, 郝美竹, 杨莹. 产权残缺的折价效应及影响机制: 基于秦皇岛市"小产权房"交易价格的研究[J]. 中国土地科学, 2022, 36(08): 66–74+130.
[38] 沈守愚. 论设立农地发展权的理论基础和重要意义[J]. 中国土地科学, 1998, (01): 18–20.
[39] 孙弘. 中国土地发展权研究: 土地开发与资源保护的新视角[M]. 北京: 中国人民大学出版社, 2004.
[40] 王海鸿, 杜茎深. 论土地发展权及其对我国土地征收制度的创新[J]. 中州学刊, 2007, (05): 79–83.
[41] 王小映. 统筹城乡土地政策促进集体建设用地合法流转[J]. 首都经济, 2003, (09): 21–23.
[42] 吴良镛. 中国城乡发展模式转型的思考[M]. 北京: 清华大学出版社, 2009.
[43] 徐美银. 共享发展理念下农村土地增值收益分配制度改革研究[J]. 中州学刊, 2016, (09): 33–38.

[44] 徐珍源，孔祥智，蔡赟. 改革开放30年来征地制度变迁、评价及展望[J]. 山东农业大学学报（社会科学版），2009, 11（03）：1-5+117.

[45] 许学强，李郇. 改革开放30年珠江三角洲城镇化的回顾与展望[J]. 经济地理，2009, 29（01）：13-18.

[46] 禤文昊. 东莞村镇非正规租赁住房研究[D]. 清华大学，2012.

[47] 薛德升，李川，陈浩光，等. 珠江三角洲乡镇工业空间分布的分散性研究——以顺德市北滘镇为例[J]. 人文地理，2001,（03）：31-36+56.

[48] 杨红朝. 论农民公平分享土地增值收益的制度保障[J]. 农村经济，2015,（04）：30-34.

[49] 叶勤良. 制度变迁中的政府行为分析[D]. 复旦大学，2005.

[50] 袁奇峰，陈嘉悦，赵杨，等. 都市区乡村发展权的不均衡及对策研究——以南海区里水镇为例[J]. 现代城市研究，2022,（03）：21-28.

[51] 袁奇峰，等. 改革开的空间响应——广东城市发展30年[M]. 广东：广东人民出版社，2008.

[52] 袁奇峰，李刚，薛燕府. 快速城市化地区土地发展权的演化及其空间效应研究——以佛山市南海区狮山镇为例[J]. 南京师大学报（社会科学版），2022,（03）：120-131.

[53] 张京祥，殷洁，罗小龙. 地方政府企业化主导下的城市空间发展与演化研究[J]. 人文地理，2006,（04）：1-6.

[54] 张良悦，刘东. 道是非法却有情：小产权房开发的经济学分析[J]. 财贸经济，2009,（04）：104-110+137.

[55] 张幸瑜. “小产权房”的合法性探析及制度建议[D]. 兰州大学，2010.

[56] 张增胜. 武汉市“小产权房”隐形市场形成机制研究[D]. 华中科技大学，2009.

[57] 张占录，李鹏辉. 土地发展权交易对城乡收入差距的影响及作用机制——以重庆地票实践为例[J]. 中国农村经济，2022,（03）：36-49.

[58] 赵会琴. 小产权房利益相关者的利益关系研究[D]. 中央民族大学，2011.

[59] 赵静. 深圳市非正规住房的发展演变与供给模式研究[D]. 中山大学，2009.

[60] 郑振源. 企业征用农地应秉持“涨价归农”原则[J]. 中国乡镇企业，2007,（11）：24-26.

[61] 郑振源. 清理小产权房的正道[N]. 南方周末，2012-07-05（F31）.

[62] 周大鸣，郭正林. 论中国乡村都市化[J]. 社会科学战线，1996（5）：100–108.

[63] 周飞舟. 大兴土木：土地财政与地方政府行为[J]. 经济社会体制比较，2010，（03）：77–89.

[64] 周飞舟. 分税制十年：制度及其影响[J]. 中国社会科学，2006，（06）：100–115+205.

[65] 周其仁. 产权与制度变迁：中国改革的经验研究（增订本）[C]. 北京：北京大学出版社，2004.

[66] 周锐波，闫小培. 转型期中国城市"地方化"发展研究述评[J]. 规划师，2008，（02）：49–53.

[67] 朱未易. 论物权法上土地发展权与人权法上发展权的制度性契合[J]. 政治与法律，2009，（09）：64–71.

[68] 朱一中，曹裕. 农地非农化过程中的土地增值收益分配研究——基于土地发展权的视角[J]. 经济地理，2012，32（10）：133–138.

二、英文文献

[1] Buchanan J M. The economics and the ethics of constitutional order [M]. University of Michigan Press, 1991.

[2] Castells, M. The urban question : a Marxist approach [M]. Cambridge, Mass: MIT Press,1977.

[3] Downs Anthony. An Economic Theory of Democracy [M].New York: Harper & Row, 1957.

[4] Harloe M. Private rented housing in the United States and Europe [M]. Routledge, 2021.

[5] He S, Wang D, Webster C, et al. Property rights with price tags? Pricing uncertainties in the production, transaction and consumption of China' s small property right housing [J]. Land Use Policy, 2019, 81: 424–433.

[6] Niu D, Sun W, Zheng S. The role of informal housing in lowering China' s urbanization costs [J]. Regional science and urban economics, 2021, 91: 103638.

[7] Oi J C. The role of the local state in China's transitional economy [J]. The China Quarterly, 1995, 144: 1132–1149.

[8] Qian Y , Xu C G .Why China's economic reforms differ: the M–form hierarchy and

entry/expansion of the non–state sector [J].Economics of Transition, 2010, 1(2):135–170.

[9] Skuse A, Cousins T. Spaces of resistance: informal settlement, communication and community organisation in a Cape Town township [J]. Urban Studies, 2007, 44(5–6): 979–995.

[10] Ward, Peter M. Self–help housing: a Critique [M]. London: Mansell Bronx, 1982.

[11] Wu F. China's recent urban development in the process of land and housing marketisation and economic globalisation [J]. Habitat international, 2001, 25(3): 273–289.

[12] Wu F. China's changing urban governance in the transition towards a more market-oriented economy [J]. Urban studies, 2002, 39(7): 1071–1093.

[13] Ivis G. Deemed Ineligible: Reasons Homeowners in Puerto Rico Were Denied Aid After Hurricane María [J]. Housing Policy Debates, 2002, 32(1): 14–34.